内藤廣と若者たち

NAITO Hiroshi

人生をめぐる一八の対話

東京大学景観研究室 編

鹿島出版会

前口上

教育者としての内藤さん

二〇〇一年に内藤さんが東京大学社会基盤学専攻の助教授として着任して以来、一〇年がたつ。その間、同じ研究室の部下として身近に接してきた経験からいえば、教育者としての内藤さんの真骨頂は、学生たちに語りかける言葉がすべて、内藤さん固有の言葉になっている、という点につきるのではないかと思う。

建築に関することはもちろん、ささいなことや一見ありふれたこと、すでにだれかがどこかで述べているような内容であっても、内藤廣というフィルターをくぐりぬけると、ほかでもない内藤廣の言葉になる。そこに、いわゆる建築家的なレトリックや自己顕示、インテリ的スノビスムといったものは微塵もない。すべての言葉に、内藤廣というほかのだれでもない思考と経験、つまり人生の刻印が、はっきり刻まれている、といってもよい。だから内藤さんの言葉は、常に独自のオーラをまとう。

思えば、本職の建築でも同じである。たとえば、変哲のない形式の切妻屋根も、ひとたび内藤さんの思考を経由すると、内藤さんにしか生みだすことのできない切妻屋根になる。

あるいは、一見特徴のない間取りや外観のように見えて、その空間には、ほかのだれのものともまちがえようのない、独自の空気が漂う。

月並みな言いかただが、これは真に一流であることの証だと思う。だれのものまねでもなくだれからの受け売りでもない、自分だけのもの（それが言葉であれ空間であれ）を探し続け、世に問い続けてはじめて可能なことだからである。そして、常に本質という見えないもの、答えのないものと格闘し続ける精神の持続力と、自らの成果にたいする責任をすべて自分で背負いこむのっぴきならない覚悟が必要とされるからである。内藤さんはしばしば人生を闘いにたとえるが、内藤さんの闘いとは、畢竟するに、内藤廣が内藤廣であり続けるための、孤独で妥協のない闘いである。

そういう内藤さんが、東大在職中に大学教師として後進に残してくれたもっとも貴重なものは、ホームグラウンドである東大景観研究室の学生たちを含む、GSデザインユースというまちづくりや都市・建築・土木のデザインをこころざす若者たちのつながりの場である。GSユースの出自については別書にゆずるが、* これは内藤廣という求心力に富むパーソナリティなしには、おそらく生まれえなかった。

内藤さんの周囲には、機会あるごとに、たくさんのGSユースのメンバーが集まってくる。東大を含む全国各地の大学から、建築、土木を中心に、都市計画やデザインなど、さまざまなバックグラウンドを有する若者たちがやってくる。

学生にかぎらない。卒業して、設計事務所やコンサルタント、中央官庁や自治体、ゼネコン、マスコミなどに就職し、各界で社会の洗礼を浴びつつ自分の生きかたを模索している若者たちも多い。

ただしなぜだか、器用な秀才タイプは寄りつかない。いわゆる優秀な人間もそうでない人間もまぜこぜだが、みな志の種火を心に宿しながら、どこか不器用に悩み、迷いを抱えている。そして、自分のなかのそういう悩みや迷いをうやむやにして見過ごすことのできない正直さを、兼ね備えている。

そういう若者たちに、内藤さんは、既成の知識やノウハウめいたことをいっさい教えようとはしない。そんなものは彼らが生きていくうえでたいして役に立たないことが、わかっているからである。そのかわりに、常に、自分の考えを自分の言葉で表現することの大切さを強調する。そして、言外にメッセージを伝えようとするのである。「君は、君としてしか生きられないし、君として生きるべきだ。そして、君にとってほんとうに大切なことは、君自身にしか見つけられないし、つかみとることもできない」と。

これは「君たちは自分にしか生きられない人生を手にするために闘う覚悟があるか」という問いを突きつけているに等しい。だからこそ内藤さん自身も、若者たちにたいして、けっして他人からの借りものの言葉では語らないのだろう。

その厳しさを知ってか知らずか、多くの若者が、内藤さんと話すと前向きになれる、元気がもらえる、と口をそろえる。それはおそらく、「君は君として生きろ」というメッセージが、じつは一人ひとりの人生の肯定にほかならないからである。内藤さんの一言一句が、それぞれの人生を肯定する、すなわち根底の部分で人間というものを信じる強さと優しさに、裏付けられているからである。それが、不器用な若者たちを惹きつける。付言すれば、おそらくこの強さと優しさこそが、内藤さんが生みだす建築空間に漂う独自の空気の源でもあるのだと思う。

本書は、東大定年退職を機に、そういう内藤さんの言葉を片鱗でもかたちにしてとどめておきたい、という動機から生まれた。のべ一四時間にもおよぶ若者たちとの対話を記録して、自由に編集の手を加えた。

これは、建築の本ではない。いわば、若者であればだれもが一度は直面するような悩みや迷いが主題である。だから、建築家として成功を手にするための指南書のごとき内容を期待しても、失望するだけだろう。あるいは、自分の優秀さやデザインのうまさを疑ったことがない、あるいは疑う必要なく生きられる人間には、本書は不要であろう。

かといって、かしこまった人生哲学の書でも訓話集でもないし、人生を豊かにするためのノウハウ本のたぐいからはもっとも遠い。若者たちを前にした内藤さんの等身大の言葉が、ただ綴られているだけである。

結局、答えは示されない。自分として生き続けていくしかないよね、と突き放されるだけである。しかし本来それこそが、学生というすでに自我が確立した若者たちにたいして、教育者という立場の人間がなしうる最良のことではないだろうか。

本書の企画に賛同し馳せ参じてくれた、たくさんのGSユースの若者諸君に感謝したい。また、趣旨に共感し、多忙をおして本書にすばらしいデザインをほどこしてくださった工藤強勝さん、そして、篠原修先生（東大土木における景観研究室の創始者であり、内藤さんを大学にひっぱってきた張本人）の退官企画に引き続き、今回も出版の労を引き受けてくださった鹿島出版会の川嶋勝さんに、謝意を表したい。

これから先、東大教授というしかつめらしい立場から解放されてふたたび一人の建築家に戻った内藤さんは、正解も終わりもない闘いを、相も変わらず不器用に続けていくにちがいない。そういう人生の途上、東大社会基盤の景観研究室というもともと縁もゆかりもない場所に一〇年間という長きにわたって立ち寄り、たとえ建築家としての仕事にしわよせがおよぼうとも、常に大切なことを若者たちに伝えようとしてくれた内藤さんにたいする心からの感謝と尊敬の念を、本書にはあわせてこめたつもりである。

編者を代表して　中井 祐

＊たとえば、内藤廣「篠原修の居る風景」『建築のちから』所収、王国社、二〇〇九

内藤 廣と若者たち

人生をめぐる一八の対話

目次

人生をめぐる一八の対話

内藤 廣＋八四人の若者たち

一……道を決めるということ

内藤先生が、自分は建築の設計でやっていけるかなあ、とまがりなりにも自覚したのはいつなのですか。

いきなり直球できましたね(笑)。

三七歳のときだね。海の博物館の収蔵庫が上棟して、家族を連れて見にいったとき。当時子供が七歳と五歳だったんだけど、こいつらがものごとがわかるようになるのに二〇年くらいかかる、その二〇年を経ても、この建物はメッセージを伝えられるかな、と思ったときに、まあこれもひとつの仕事だな、と思った。

それまでは、毎日のように建築をやめるか、と思ってた。

やめてなにをやろうと?

この仕事に一生かけてもしかたないと思ったら、ほかのことやってたほうがましでしょう? だから、建築がほんとうに人生をかけるに足るものか、と考え続けていた。

三日に一度くらいは、真剣にやめようと思っていたね。

建築家としてやっていこうと思ったのが三七歳のときだったとしても、早稲田の大学院を二五

＊1 フェルナンド・イゲーラス(一九三〇〜二〇〇八) 一九六〇〜七〇年代に活躍した

歳で修了して、フェルナンド・イゲーラス[*1]のところにおしかけたそのときに、すでに建築家を目指す方向に一歩踏みだしているわけですよね。たとえ確信がなくとも。

全然踏みだしてないよ、その段階では。

知ってのとおり、あのころは大学なんて、東大を含めて解体されるかっていう紛争の時期だからね。ちょうどぼくが高校三年生のときに安田講堂[*2]が炎上して、世の中騒然としていた。先生だってみんな逃げちゃってますからね。大学に入ることに希望も持てないし、大学を出てどうなるか、という話に夢も持てないし。まして、建築学科を出たから建築家になれるなんて考えたこともなかった。

あのころ、いろいろな人を呼んで、授業をつぶして話をしてもらっていた。グラフィックデザイナーの粟津潔[*3]さんとかね。そうしたら、ほぼ全員が「もう建築をやっていく時代じゃないよ」と言い残していく。建築家みたいな人種が世の中で仕事をしていく時代はもう過ぎた、あれは一九世紀の遺物だ、なんて言ってね。

そんなわけで、建築家になろうなんて考えるやつは、同学年でほとんどいなかった。そういう気分ですよ。

だから、仮にぼくが建築家を目指したとしても、可能性は一パーセントもない、だけど時代の捨て石ってのもあるし、一人くらい変わり者がいてもいいか、というくらいの気分

スペインの建築家。音楽家、画家、写真家としての一面もあった。代表作はニューヨーク国際見本市スペイン・パビリオン（一九六三）、モンテカルロ多目的センター（一九六九）など。

＊2　安田講堂
東京大学本郷キャンパスにある講堂。一九二五年竣工。全学共闘会議および新左翼の学生が占拠したことを受け、機動隊が一九六九年一月一八、一九日に封鎖解除を行った。

＊3　粟津潔
（一九二九〜二〇〇九）グラフィックデザイナー。大胆な構成や混沌とした色彩など、ファインアーツのような作風が特徴。代表作は渋谷・天井桟敷館のデザイン（一九六八）、『グラフィズム』（一九七七）、世界デザイン博覧会ポスター（一九八九）など。

だった。

時代の雰囲気として、大学を出てサラリーマンになるとか、既成のプロフェッションとして仕事をするとか、そういう枠にはまった生きかたそのものが、若者一般の価値観としてなかった、ということですか。

なかった。

たとえば建築なんて、どんなきれいごとを言ったって、しょせん社会制度のなかでできていくものではないか、ということだよね。国の資本が投下される公共建築物も、企業の資本が投下される建物も、みんな制度のなかでできあがっていくわけでしょう。

その社会制度が問題なんだ、と大声でみんなで批判してるわけだから、同学年が集まったときに「おれ、じつは建築家やりたい」なんて言おうものなら、袋叩きですよ、ほんとに。

それなら、同級生はその後どういう生きかたをしたんですか。建築家になった人はほとんどいない？

同学年で五人もいないね。

みんな、ある種のあきらめを抱いて、ゼネコンや大手設計事務所に勤め先を決めたんじゃないかな。いまはみんな偉くなってるけどね。

全然ちがうところに行ってしまったやつもいる。一学年上で、天才かって言われてた男がいたけど、予備校の教師をやりながら在日支援運動に肩入れして、あげく自分の名前まで向こうの名前に変えちゃった。その後はどうしたか知らない。建築はやっていないと思う。もったいないよね。

ようするに、ドロップアウトしたやつがけっこういた。とくに優秀なやつに多かった気がする。

内藤先生ご自身はドロップアウト組ではないですよね。

ぼくはあまり大学が好きではなかったし(笑)、当時の早稲田の雰囲気も好きではなかった。まあ、吉阪先生[*1]に出会えた、それだけでいいと思ってる。

ただ、建築そのものに関しては、ほとんど可能性がないと思っていたことは確かだね。

修士一年のとき、『新建築』[*2]の月評を書くことになって、一流建築家なるものに身近に接して、こういうものか、ということをある程度知っていたから、そのころのぼくの気分では、向いていないかもしれない、とてもなれない、と思ってましたね。

＊1　吉阪隆正（一九一七〜一九八〇）
建築家。ル・コルビュジエのアトリエに勤務後、早稲田大学で吉阪研究室（U研究室）を設立。独自の建築作品や著作を残しただけでなく、その思想と人間性のもと、多くの弟子が育った。代表作は浦邸（一九五六）、アテネフランセ（一九六二）、大学セミナー・ハウス（一九六五）など。

＊2　『新建築』
新建築社が発行する日本の建築デザイン専門月刊誌。

でも、なっています。

いや、そうともかぎらない。やっぱりあれはあれですごい人たちだよ。あそこまでは、とてもたどりついていないんじゃないかな。

さきほど内藤先生は、建築は社会制度のなかでしかありえない、その制度そのものを解体しないとこの国はたちゆかない、そういう当時の気分のことを言われました。でも建築にかぎらず、すべてのものが制度の網にからめとられていて、結局人間はそのなかで拘束されて生きていくしかないですよね。内藤先生にしても、制度的な建築のありかたや人の生きかたを批判しながらも、現実には大学という制度のなかで六年間建築を学んで、以後、確信に至る三七歳まで、建築設計という制度的生業でメシを食っていた。そこにやはり、矛盾はあったのですよね。

ほかにやることが見つからなかったからなあ……。おおいに矛盾していたよね(笑)。ただ、建築っていうのはいろいろなものごとの交差点で、そこから芸術もデザインも、エンジニアリングも語ることができる。そういう意味ではおもしろいな、とは思っていた。でも、その程度だよね。

変わったものをつくって、スポットライトを浴びて有名になるとか、そういうことにはほとんど欲望がわかなかったね。

たしか、内藤先生が学んだ早稲田の建築学科では、学生が一五〇人くらいいて、設計演習で講評を受けられるのはそのうち一割くらいに限定されるそうですね。つまりものすごい競争社会で、一五〇人のなかにポンと放りこまれて設計課題をこなすたびに「ああ、ぼくは才能がない」「彼よりも劣っている」という具合に、どんどん自分の可能性のなさを自覚させられていくシステムで、その頂点に、競争を勝ち抜いたスターとしての、丹下さん*1や菊竹さん*2や磯崎さん*3がいる。そういうなかで、学生時代の内藤先生は、常にトップレベルの評価を受ける学生だったんですよね。

言いにくいけど、だいたい一番でしたね(笑)。

そういう立場で、スター養成主義的なシステムにたいして、どう感じていたんですか。

そりゃ、いやでしたね。

だからぼくは、ちょっとひねくれているんだけど、担当の先生がいちばん嫌いなことをやって一番をとる、という変な趣味があったんですよ(笑)。

＊1　丹下健三（一九一三〜二〇〇五）
建築家。戦後日本の建築界の中心人物として、第一線で活躍した。代表作は広島平和記念資料館（一九五二）、国立屋内総合競技場（一九六四）、東京カテドラル聖マリア大聖堂（一九六四）など。

＊2　菊竹清訓（一九二八〜）
建築家。一九六〇年代におこったメタボリズム運動の中心メンバーとして活躍。代表作はスカイハウス（一九五八）、出雲大社庁の舎（一九六三）、東光園（一九六四）など。

＊3　磯崎新（一九三一〜）
建築家。日本建築界におけるポストモダニズム思潮の中心人物。代表作は大分県立大分図書館（一九六六）、群馬県立美術館（一九七四）、つくばセンタービル（一九八三）など。

どんな設計をすればいちばんいい点がつくかなんて一瞬でわかっちゃう。たとえば課題がオフィスなら、当時話題になった五反田のポーラビル[*1]みたいに、ツインコア[*2]で、両側にシャフト[*3]を置いて、そのあいだを適宜プランニングすれば、まあAかA＋がつくわけ。

だから、そんなもの絶対にやらないですよね。

それなら、シングルコアで、ぐちゃぐちゃのオフィスを提案して一番をとる、というのがぼくのやりかた。いやな学生だよね(笑)。

つまり、世の潮流に常に逆らう。

そんなたいそうな気分ではなかったけれど、性分としていやなんだよね。そういう本質でもないものを受け入れたり、趨勢に組み込まれたりするのが。

まあ、まっとうな若者のマナーみたいなものだとも思うけど。

ひねくれた学生だった、というのは、それまで育ってきた環境の影響ですか。

どうだろうね。そんなに育ちは悪くないですよ(笑)。

ぼくは、世の中のまんなかに座るか辺境にいるかのどちらかしかないと思っていた。ど

＊1　ポーラ五反田ビル
一九七一年竣工。二つのコアを二階と屋上の大梁で結び、一階と最上階に無柱の大空間を生みだした。設計者である日建設計の林昌二と矢野克巳が、日本建築学会賞作品賞を受賞。

＊2　コア
階段室、エレベータシャフトなどの垂直動線や水回り諸室、設備関係が集約される個所。建物垂直方向に延びるため、各階の共通した位置にある。

＊3　シャフト
建物内の各階を垂直方向に貫通する区画。給排水管やガス管などの設備配管類を集約したパイプシャフトや垂直動線のエレベータシャフトなどがある。

ういうわけか、まんなかに座って社会のストラクチャーを決めていくのは東京大学の使命だと思っていたんですね。だから東大にいない以上は、もっとも辺境から発想するべきで、まんなかに近づいたり、あるいは中間をうろついているというのは、潔しとしない気分があった。

じつはね、大学があまりにつまらないものだから、半年くらいたったとき、東大受け直そうかな、と思ったことがある。

そのとき山口文象[*4]さんのところに相談に行った。そしたら「青春の一年一年は宝物なんだから、そういう無駄な時間の過ごしかたをするのはやめろ」と強く言われて、思いとどまった記憶がある。

そうとなれば、徹底的に辺境にいる、という気分と覚悟がどうしても必要になる。だから、ひねくれているというより、まともだったと思いますよ。そう決めてしまえば、すごく自由な気分になった。ああいう自由な気分は、以後味わっていないね。

学生のころから立派な志を抱いていて、それを貫徹していま立派な先生になっている、というわけではないのですか。話をうかがっていると、頭はいいけれどぶらぶらしていた、という感じが……。

＊4　山口文象（一九〇二〜一九七八）
建築家。日本の初期モダニズム運動の中核を担った。代表作は日本歯科医学専門学校付属医院（一九三四）、黒部第二発電所・小屋平ダム（一九三七）など。

具体的な目標はなかったけれど、生きかたは過激だったという気はする。べつに棒を振りまわしたわけではないけど(笑)。

常に、自分の人生を明日捨ててもおかしくないようなメンタリティだったね。

いま考えるとずいぶん危なっかしい話だけど。

社会の状況が、そういう生きかたを強いた、ということですか。

どうすればメシがまともに食えるかということはわかりきっていたけど、あえてそれを選ばないんだから、のたれ死にしてもしかたないだろ、っていう状況の引き受けかただね。だから、よくむちゃな旅行をした。

中東を旅したときなんか、そのまま死んでもしかたないと思っていた。それがなにかの役に立つなんていうことも、いっさい考えなかった。あるいは、どこかで橋の上からぽっと飛び降りていても不思議はなかった。

先に言ったように、建築家というのはすでに終わった職業だと思っていたし、可能性は一パーセントあるかどうか。その一パーセントの糸を切らなかったのが、ぼくの変わったところなのかもしれない。

捨て身の人生……。

いまでもそうだよ（笑）。

話が戻りますけど、学生時代、内藤先生が常に一番でありながら、才能に序列をつける教育システムをくだらないと思っていた、というのは問題です。

こいつ、なにを言い出すんだ（笑）。

ぼくはデザイン志望ではないですけど、想像できるんです。みんな、すこしでも評価されて勇気や自信をもらいたい。あるいは「自分だって」という自尊心と闘いながらがんばっている。そういう人に向かって、あのな、ぼくはくだらないと思ってたんだよ、というのは格好よすぎて、おおいに学生を惑わす言葉です。七〇年代ならなんとかなったのかもしれないですけど、いまの学生はほんとうに食いっぱぐれるかもしれないですし。

食えるかどうかに関しては、君と意見がずれるな。

べつに食えなくたっていいじゃないか、という考えかただってある。アフリカみたいに、飢え死にするおそれのある社会じゃないんだから。『生きてりゃいいさ』、って歌があったけど、その態度のなかにこそ本質があるかもしれない。

メシを食うための危機感を言うけど、ぼくらのころだって、オイルショック[*1]があって、ニクソン・ショック[*2]があって、とんでもない状況だった。ガクンと急激にダウンするようなものすごい谷間が毎日のようにあった。就職の機会がないことも、当時のほうがむしろ苦しかったかもしれない。

だから、ほんとうはもっとまともな人生を歩みたかったんだけど、しかたなく建築家になった、という人間が、ぼくの世代ではけっこういるよ。

ただ、困難さがいまとさして変わらないにしても、事象ははっきりしていたよね。たとえば、オイルショックで石油がなくなって経済が落ち込むとか、ニクソンが為替レートを変動相場制にするとか、なぜこういう状況に陥っているのかははっきりしていた。

いまは、事象がはっきりしていない、という独特の苦しさがあるかもしれない。

事象がはっきりしていない、というのは?

いまは、社会的制度そのものが骨粗鬆症みたいな感じだね。スカスカになっている。つまり戦後五〇年でつくり上げてきた社会的なストラクチャーが、全体的に老朽化してきて

*1　オイルショック
一九七三年の第四次中東戦争、一九七八年のイラン革命を契機として起こった、原油の供給減および価格高騰、それに伴う経済混乱。

*2　ニクソン・ショック
アメリカ合衆国大統領リチャード・ニクソンの一九七一年の声明が引き起こした、国際金融の枠組みの大幅な変化。ニクソンは金とドルの交換停止を表明し、世界経済は固定相場制から変動相場制へ移行した。

いるということ。

どこか特定部位が悪い、というのではなくてね。いわば、社会の全体的老化。よくいえば成熟化だけど。

だからたしかに、よく見れば、いまのほうがたいへんかもしれない。

それから、一番だったやつが、才能に序列をつける仕組みを「くだらない」と言うのはよくない、という批判があったね。でも、トップに立ってないやつが「くだらない」と言うのもまた妙なものでしょう。

トップを張れるやつが言うべきこともあると思うんだよね。二番や三番が言うと、負け惜しみに聞こえるじゃないか。


それはそのとおりですけど……。


なんでこんなこと言うかというとね、ぼくはすべての人に可能性があると思うんだよね。大人たちがつくった判断基準による評価がすべてだ、と学生たちが勘ちがいをするのがいやなんだね。

建築の場合でいえば、デザインのへたなやつが営々とやって、そのうちすばらしい建築をつくる、ということだってある。

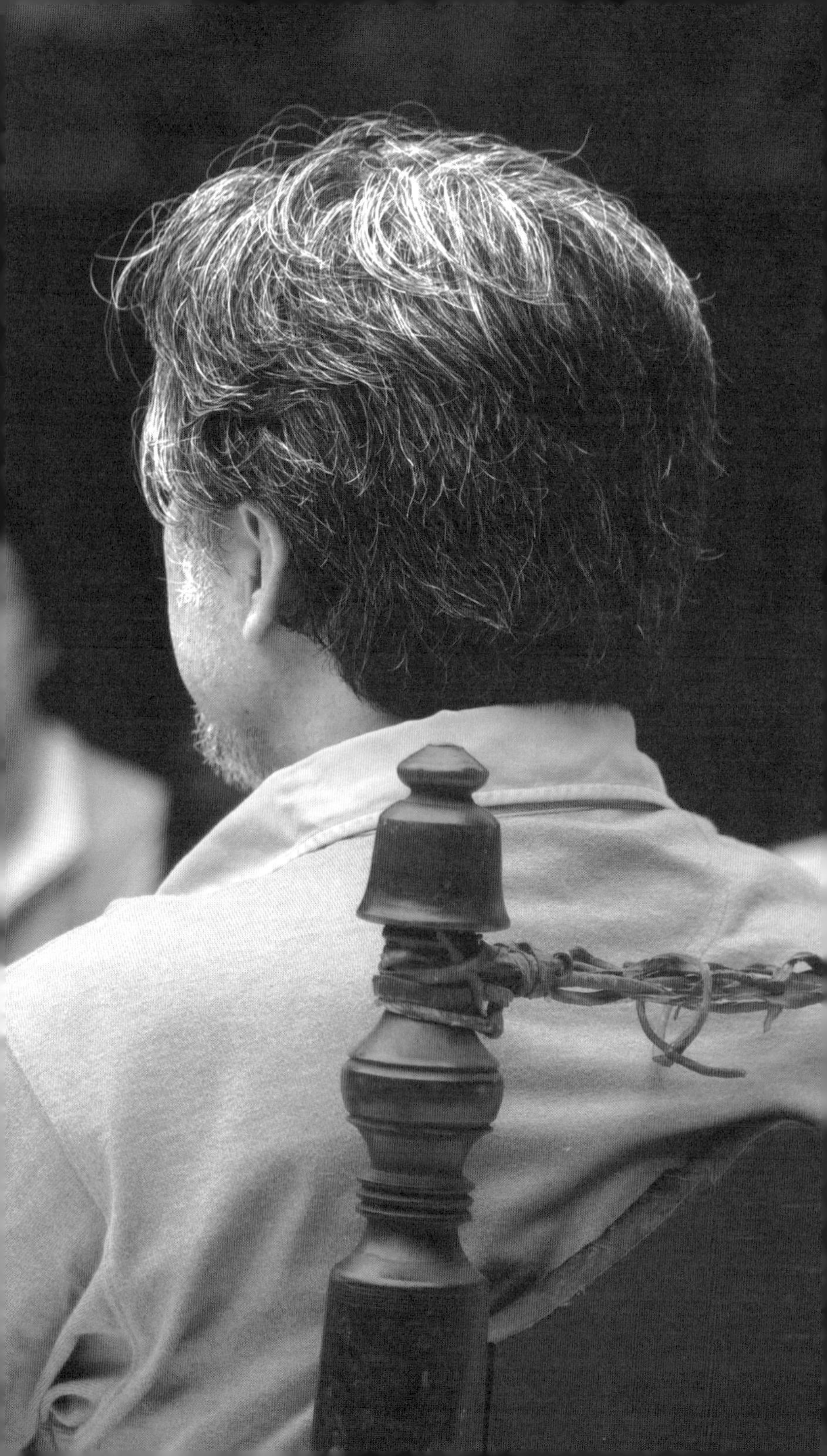

ぼくはすべての人に可能性があると思うんだよね。
大人たちがつくった判断基準による評価がすべてだ、
と学生たちが勘ちがいをするのがいやなんだね。

たとえば、前川國男[*1]。へたくそですよ、ぼくに言わせれば。

でもすこしちがう目で眺めれば、すばらしいと言わしめるもの、前川さんにしかできないものを厳然として持っている。そういういろいろな価値、いろいろな生きかたがある、ということを大学は教えないで、目先の要領のよさだけ競わせる。人参ぶらさげて、走らせる。

そんなの、クソ食らえ、と思ってた(笑)。

五〇番目にいたやつでも、ずっとやっていれば五〇歳くらいですばらしい建物をつくる可能性だってある。そのほうが可能性としては大きいし、世の中を大きく変えるかもしれない。

だから、当時の教育システムがものすごく欺瞞的に思えたわけ。

ようするに大学っていうところには、そういう価値を評価するシステムがないわけですね。きわめてかぎられた、偏った価値観で人をあきらめさせたり、可能性の芽を摘んだりしている。

だから、授業をつぶして、カリキュラム改定っていうのをやったりした。

当時菊竹さんが、大学教育は全然だめだと言っていたので、教授を全員並ばせて、菊竹さんに二時間くらい建築教育のだめさ加減を話してもらったりした。課題の評価のシステムとか、学生にたいする教えかたとか。

＊1　前川國男（一九〇五～一九八六）
建築家。ル・コルビュジエのもとで学び、日本のモダニズム建築の中心的人物として活躍した。建築家の職能確立にも尽力した。代表作は神奈川県立図書館・音楽堂（一九五四）、東京文化会館（一九六一）、熊本県立美術館（一九七七）など。

まあ、とんでもなく生意気な学生だったね。いまの立場で、四〇年前のぼくには会いたくないね(笑)。

しかし実際には、才能に劣る、見込みのうすい同級生や友達だって、いたわけですよね。

才能というのは、もともとあるとかないとか語れる種類のものではなくて、ある意味では、あらゆる人に才能だとか能力と呼べるものが備わっているのだと思う。たまたま、その時代に要領よく同調している人のことを才能と呼んでいるのかもしれないけれど、あらゆる人になにかしらの能力が備わっていて、その使いかた次第、ということだと思うんだよな。

内藤先生は、当時からそういう議論をまわりの同級生や友達としていたのですか。

ぼくはね、あまり友達はいなかった。孤立してるほうでしたね。だから、あまりそのことで同級生と議論した記憶はない。
いやなやつだったんですよ、きっと(笑)。まわりから敬遠されていたのかもしれないね。

……。いまはどうですか？

建築家って変な仕事でね、だんだん友達少なくなる(笑)。いまは、建築以外の友達のほうが多いかな。

君たちもこれから経験するかもしれないけど、学生のときはみんな同じような夢があって、同じスタートラインにいるわけですよ。でも、三〇代になると夢を追いきれない連中が出てきて、すこし減っていく。四〇になるとさらに減る。そして、五〇になるとものすごく減る。

昔、建築デザイン会議というのがあった。YKKがスポンサーで、一年に一度、三〇代の若手が一〇〇人くらい集まって会議をやる。

はじめは大層なものだったんだけど、そのとき若手といわれていた建築家たちも、三〇の半ばから四〇代になると半分くらいになって、四五くらいでさらに半分に減って、五〇になると一〇人残っているかどうか。

そうなると、話しづらくなってくるね。まだ希望を持ってものづくりをしている人間と、すでに降りた人間は、話ができない。だから、友達は減っていくことになる。

ただ、ほかの分野にはいるんだね。同じようにあきらめずにつくり続けている人が。それが音楽の場合もあれば、アーティストや物書き、あるいは学者の場合もあるけど、夢に向けて闘っている人はいる。そういう人たちとは話ができる。大学時代の友達とできるのは昔話くらいかな。孤独なもんですよ。

若いころは、それぞれ夢や志を抱きますよね。でも現実社会に出ると、制度のどこかに身を置かなければならなくて、そこで四苦八苦やっているうちにだんだん埋没していって、当初のきらめきも失せていく。自分はなんで生きているのか、と自問自答しながら、結局埋没していかざるをえない。ぼくらはみんな、そういう弱さを抱えて生きているのが普通だと思うんです。ただ、内藤先生が言いたいのは、そういう人生において、若いころに才能があるかどうかなんて、じつはたいしたことではない……。

うん。ぜんぜん問題にならない。

大事なのは、やり通せるかどうか、ということですよね。

そうです。

そして、やり通せている人間にとっては、やり通せなくてだんだん埋没していく人たちはどん

どん友達じゃなくなって、孤独になっていく。そういうことですよね。

そのとおり。すばらしい(笑)。

わたしの場合、人生のなかでなにかを決めるとき、あまり真剣に考えずに適当な理由で決めていたり、その理由もあとから考えると卑怯だったり……なにかをやり通すために一貫して決断する、ということがない気がします。大事なことに正面から向き合うことが怖いし、失敗したときに傷つきたくない。内藤先生は、なりゆきや直感で決断することはないんですか。

年中ありますよ。たとえば東大に来たことだとか(笑)。

でも、それが正解かどうかなんてわからないよね。答えはない。悲しいことに、人間はそのときに一所懸命考えることとしかできない。

答えは未来が決める。つまり、ある分かれ道で決断をするとき、どっちが正しいかなんて、絶対にわからないと思う。そのあとの時間を一所懸命に生きて、その選択を正解にできるかどうか、という生きかたしかできない。

だけど決めるときは、正解はないと思いつつも、できるだけ考えて決める。そのときの決断が正解だったかどうかは、いま、よりよく生きているかどうかにかかっている。

決めた方向へ突き進んでいけるかどうか、ということだと思うのですけれど、それができる人とできない人は、どこで分かれるのですか。才能なのか、意志の強さなのか……。

よくわからないけど、ぼくの場合はたぶん、学生のときになにもない状況に置かれたのがよかったんじゃないかな。失うものはなにもない、ということだね。

いまの若い諸君はみんなまじめで、とくに東大の子たちは自分の人生は失敗しちゃいけないと思いすぎている気がする。人生の成功なんて、神様が約束してくれたわけじゃないんだから、なんの保証もないよ。

絶対に失敗しちゃいけない、と思いはじめると、小さな枠組みで成功するという選択肢を選んでいくんだな。枠組みを小さくしていけば、そのほうが成功率が高くなるから。

でも、枠組みなんてはじめからないものだと思ったほうがいい。

内藤先生の場合は、それが正解だかわからないまま建築設計に道を決めて、ともかくやり続けて、ようやく三七歳で海の博物館をやり遂げたとき、あ、この道が正解につながっているのかな、という確信を得たということですね？

確信というより、もうこれしかないかな、と思った。

分かれ道で決断をするとき、
どっちが正しいかなんて、絶対にわからないと思う。
そのあとの時間を一所懸命に生きて、
その選択を正解にできるかどうか、という生きかたしかできない。

はじめにも言ったけど、海の博物館に家族を連れていって、娘二人がちょこちょこ向こうを歩いていく。その風景を見たとき、よくわからないけど、まあこれもありかな、と思った。人生にはそういう不思議な瞬間があるんですよ。

たぶん諸君も、これからなにかしら思いを定める瞬間というものがあると思うけど、それは論理をはるかに超えた直感的なものだと思う。二〇代の早い時期にそういう瞬間に触れる人もいるかもしれないし、五〇歳で触れる人もいるかもしれない。

ぼくの場合は、それが三七歳だったということ。

もしかするとそれは、結局自分がそこで「生かされて」いくしかない、という、ある種のあきらめの瞬間なのかもしれないね。

だれだって子供のときは、あらゆる可能性を持っている。スーパースターになるかもしれないし、総理大臣になるかもしれないし、タバコ屋のおばさんになるかもしれない。将来どうなるのか、樹木が無数の枝を張るようにたくさんの可能性を持っているけど、生きていくにつれて、その枝をどんどんそぎ落としていかざるをえない。

でもどこかのタイミングで、この枝しかないかな、ということがわかるんだろうね、直感的に。それは自分が能動的に選択するというより、もうすこし必然性のある決まりかた。これかな、と腑に落ちる瞬間というものがあるんだと思う。

ただ、そのとき腑に落ちたからといって、そのとおりになるとはかぎらない。

その後のぼくの人生を見れば、篠原[*1]さんと出会って、東大[*2]の土木に呼ばれて、五〇を境にとんでもなく変わりましたよね。こういう展開をぼくが望んでいたかというと、そうではない。これは運命みたいなもんですね、きっと。

これから先も流されていくのかな。大学をやめて、またべつの展開があるんだろうけど。

でも、そういう腑に落ちる瞬間というのは、正解がわからずともなにかをやり通そうとする人に訪れるわけですよね。だから結局、どうしたらやり通す人生を生きられるのか……。

難しいね。性分もあるしね。

ぼくたちの悩みはそこに戻るんです。

もしかすると、想像力、イマジネーションの問題なのかもしれないね。諸君が、自分の頭のなかの想像力の畑をきちんと耕しているかどうか。

瀬島龍三[*3]という人を知っていますか。伊藤忠商事の会長をやった戦後経済界の黒幕で、第二次世界大戦中は陸軍参謀を務めたエリート中のエリート。

その瀬島龍三が、終戦でシベリア送りになるんですね。シベリアでは、零下四〇度、

＊1　篠原修（一九四五〜）土木設計家。一九九三年、東京大学大学院の土木工学専攻に景観研究室を設立。二〇〇一年、内藤廣を助教授として招聘。代表作は津和野川護岸・広場（二〇〇二）、苫田ダム（二〇〇五）、朧大橋（二〇〇二）など。

＊2　東大の土木　東京大学大学院工学系研究科社会基盤学専攻のこと。旧称土木工学専攻。

＊3　瀬島龍三（一九一一〜二〇〇七）実業家。第二次大戦中、陸軍大本営の作戦参謀として数々の作戦を指揮。終戦直後よりソ連の捕虜として一一年間シベリアに抑留された。帰還後は伊藤忠商事に入社し、後に会長に就任するなど政財界で活躍した。

五〇度のなかでバタバタ人が死んでいくんだけど、想像力のないやつから死んでいった、と言っていた。どんな状況下でも、頭のなかで想像力が枯渇しない人間というのが生き残るんだ、と。

その話と似ているかもしれない。

建築であれ土木であれ、なにかにこだわってやっていたら、かならずどこかで厳しい状況に陥ると思うんだけど、そのときにどのくらい想像力が豊かか、ということが問われるように思う。もしかすると、そういうときにこそ、文学や音楽が助けてくれるのかもしれない。

想像力の耕し方が十分じゃないと、枯渇して、あきらめて、やり通す人生から後退していってしまうのかもしれないね。

それにしても内藤先生のそのやり通す力、バイタリティはどこからきているのですか。社会の潮流に逆らったり反発したり、あえてそういう生きかたをしつつ、つまり自分をシビアな環境に置きながら、常にその外側から自分自身を冷静に眺めている、というようにも見えます。

生きている感じがしないと、すごくいやなんだよ。それだけ。

たとえばいま、副学長として東大のキャンパス計画[*1]の責任者をやっているけど、べつに

＊1　東大のキャンパス計画
東京大学では、施設整備の構想や設計内容について、キャンパス計画室という組織がレビューを行う。内藤廣は二〇〇九年から同室長。

なにもしなくとも問題ないんですよ。出てくる書類にハイ、と判を押して会議を終わらせれば、それで済んでしまう。

でも、それだけでは生きている感じがしないので、とりあえず言いたいことを言う。そうすると、言った以上はいろいろとやらざるをえなくなって、おのずから闘いになってくる。

だから、いつもなにかをやってしまう。

そういうことの連続ですね。

自分が生きる欲求、のようなものですか。

だって、現に生きているじゃない?

せっかく親から人生もらって、六〇年とか七〇年生きられることになったんだから。

君たちは普通ならあと五〇年ぐらい生きられるわけだけど、なにもしないと五〇年ってけっこう退屈だぜ。

その五〇年の使いみちは各自に任されているわけだから、どうすればそれを楽しめるか、生きている実感が得られるか。

ハラハラドキドキ感ですか。

そう。

それは思考の枠組みを変えて得られる場合もあるし、たとえばぼくが東大土木に来たように、社会的な立場を変えて得られる場合もある。あるいは、個別のプロジェクトでの技術的な挑戦、ということだってある。

自分の枠組みを常に広げていくことにたいする興味が、生きている感じにつながっている。それが基本かな。

でも、そうではない人もいますよね。つまり、できるだけ闘わずに、なんの波風もたてずに死にたい。そういう人間のことはどう思います？（笑）

人生、そんなに楽にはできていないよ（笑）。

まともに生きてりゃ、否応なくどこかで闘いに駆りだされるに決まっている。残念だけど。

内藤先生の人生は、一〇年ごとに変わってますよね。二〇代は海外にいたり、菊竹事務所にいたり。三〇代が充電期間というかいろいろなことをやって、四〇代になると海の博物館を世に出して。東大に来たのが五〇代ですよね。それぞれの節目に、どういうことを考えていたのですか。

ともかく、そのつど命がけ。必死だったから、なにも考えていない(笑)。

節目というのは、なんとなく巡りあわせでそうなってきているだけ、という気もする。自ら能動的に選択したという感覚はない。

もちろん、二〇代後半でスペインから帰ってくる、菊竹事務所をやめる、というのは自分の決断だけどね。海の博物館での建築学会賞は、べつに自分が欲しいと思ってとったわけではないし、東大に来たことも、篠原さんと出会わなければなかったわけだし。

自分からそれをたぐりよせたというより、外からやってきた機会を選択しているという感じだね。

積み重ね、ということがありますよね。たとえば、二〇代があったから三〇代があって、三〇代があったから四〇代がある、という必然性のようなものを感じますか。年を重ねるというのは、前がなければその次がない、という連続的なものでしょうか。

ものごとにたいする理解、人間や社会にたいする理解は、深まってきたと思う。若いころにはわからなかったこと、考えが及ばなかったことが、いろいろな経験を通じて理解できるようになってくる。

たとえば、ぼくは建築家なので、コンクリートとか木とか鉄とか、そういうものにたいする理解は、当然深まっていくよね。以前は、鉄は鉄だと思っていたし、コンクリートはコンクリートだと思っていた。それが、もうすこし深いところで理解できるようになってきた。

そういう理解は、年々すこしずつ深まっていく。だから、不連続だとは思わないね。

でも、自分が置かれる社会的立場は不連続ですよね。

べつに、そういう立場になりたいと思ってなったことは、ほとんどないから。こいつにこういう立場を与えよう、というのは外からやってくる。そのときに、とりあえず受けて立つというような気分でやってきているだけだね。

だいたい受けて立つほうですか。見逃し率はどれくらいですか。

見逃し率？（笑）

どちらかといえば振っていくほうかもしれないね。でも、見逃しは何回かある。大きな岐路で選択をしなかったことはいくつかありますよ。

それはだれでもあるでしょう？

後悔はないですか。

あるよ。たくさんある(笑)。

あの女の子ともっと仲良くなっておけばよかった、とかね(笑)。

建築家としていちばん大きいのは、後悔ではないけれど、東大に来たことかな。これは、よかったかどうかわからないんだよね。さっき言ったように、よかったかどうかは、今後一〇年のぼくのつくるもの次第なんだよね。

六〇代で、あいつあまりたいしたものつくってないな、ということになれば、この五〇代の選択は失敗だった、ということになると思う。そのときは後悔するだろうね。

でも、もしこれまでとはちがうかたちで創造的にものづくりができたとしたら、成功だろうね。そのときは後悔しない。

だから、後悔というのはあとからやってくるものであって、東大を選択したことの正否はこれからの生きざま次第。この選択が後悔にならないように、これからの一〇年を生きたいと思っているだけ。

人生そんなものじゃないかな。

受けて立ったことも見逃したことも、その後の生きかた次第だね。

二……旅と風景

内藤先生は、若いころからたくさん旅をしてこられたと思うのですが、いままで出会ったなかで、ときどき思い出して自分の力にしている風景はありますか。

いくつかある。

スペインから四か月かけて、中東やインドを旅して帰ってきたときの風景は、ときどきよみがえるね。

二七歳のときかな。

たとえば、イスタンブールのガラタ橋[*1]の風景や、アフガニスタンの高原砂漠のなにもないところをキャラバンが渡っていく風景。

それから、アフガニスタンとパキスタンの国境にカイバル峠[*2]という峠があってね。人口密度が、ものすごく低いアフガニスタンから、数十倍だかにいきなりはねあがる境界。両側が谷間で、一方の谷間はもうほとんど草木一本も生えてない。もう一方の谷間の向こうには緑の平原が見えてくる。遊牧社会と農耕社会が極端な対照をなしていて、そこにすべてがあるような気がした。

遠くの緑の平原のほうに降りていって下にたどり着くと、いきなり人間が溢れている。バスなんて人が鈴なりになって、屋根の上にも人が乗っかってた。あれ買えこれ買え、みたいな輩がひっきりなしにまとわりついてくる。短い間に二つの両極端の社会を見た。あ

＊1　ガラタ橋
トルコのイスタンブールに架かる、旧市街と新市街をつなぐ橋。旧橋は火災により焼失。現在のガラタ橋は一九九二年に建設されたもの。

＊2　カイバル峠
アフガニスタンとパキスタンの国境に位置する峠。異民族や異文明のインド進入路として歴史的に大きな役割を果たした。

の峠の体験はすごく強烈だった。
それから、ガンジス川のベナレス[＊3]。人を焼いてる風景。生と死が至極自然に同居している。あれも忘れられない風景だね。

どういうときに、その風景を思い出すのですか。

ぼくら日ごろ、いろいろとつまらないことにとらわれているよね。大学の先生をやったり、副学長をやったり、委員会の委員長をやったり、そういうむなしいことに巻き込まれていると、なにやってるんだろう、どうしておれ、こんなことに巻き込まれてるんだろう、と思うわけだよね。
そういうときに、ああいう風景がぱっと浮かんでくる。あの風景のなかに戻れば、そんなつまらないことどもはカケラも役に立たないし、意味を持たない。

それは、本来の自分に戻る感覚ですか。

そうだね。
おそらく、世の中というのはいろいろなものを捏造するんですよ。前頭葉の辺りで。

＊3　ベナレス
現在はヴァラナシと改称。インドのガンジス川のほとりに位置する都市。ヒンドゥー教、仏教の重要な聖地のひとつ。沐浴や水葬が行われることで知られ、川岸では火葬も行われる。

捏造？

制度とか仕組みとか、価値観だとかね。

でも、そういうものはほとんど役に立たない、ということをときどき思い出さないと、肝心なことをまちがえてしまうような気がする。

ぼくたちは、いま向きあっているこの現実を生きなければいけないわけだから、どうしても世の中が捏造したストラクチャーにはまって生きざるをえない。そして、そこにとらわれて四苦八苦する。たとえば、教授に昇進したからパーティをやってみんなでお祝いしましょうとか、そんなの楽しくないし、いやでしかたがない。だけど、やるしかないわけ（笑）。

でもそのときに、そういうものがすべて無意味だって思えないと……。

捏造がほんとうのようになってしまう。

そう。

そして、そういうものがすべて無意味だ、と思えるような瞬間というのは、論理的な思考の帰結として訪れるのではなくて、むしろカイバル峠のような風景の記憶によって、直感的にもたらされるようなところがある。

そういう風景を求めて旅をしている……？

旅ばかりじゃないよ。

たとえばね、このあいだ、仕事の合間にふと外に出てみたら、すごく月がきれいだった。どこにでもある都会の片隅のつまらない街並みのなかでうんざりしていたんだけど、すごくきれいな月を見て、あ、いいな、と心の底から思った。

それはどこか、旅のときの感覚に似ているね。そのとき、周囲がまったく関係なくなって、一人になる。一人でなにかと向きあっている感じ。

ぼくにとっての旅は、そういうことだと思う。

つまりね、ぼくらは学生同士とか、先生と学生とか、親子だとか、そういう関係性のなかで日常を生きている。それを全部断ち切るというか、一人になってなにかと向きあう。

たとえば、ロンシャン[*1]の教会の前で、きれいな女の子が横にいて、「やっぱりロンシャンいいよね」なんて言っているのは、まったく意味がない(笑)。それだったら、ギリシアの島にでも行って、二人でデレデレしているほうが断然いい。

ぼくにとっての旅は、そういうものではない。

＊1　ロンシャンの教会
一九五五年竣工。設計はル・コルビュジエ。二重シェル構造の屋根、それを支える量感のある外壁、壁にランダムに穿たれた小さなステンドグラスの窓から差し込む光などが特徴。

だから心の持ちよう次第で、日常的にも同じようなことはありうる。たとえば、東大のイチョウの黄葉を見て、きれいだな、とぼーっとしているときとかね。それは旅の感覚に通じているかもしれないね。

ずっとそういう感覚で旅をしてきたのですか。

そうだね。
日常を切り離したい、という気持ちがすごく強いのかな。
子供のころ、親父が大阪に単身赴任していたこともあって、祖母とおふくろの関係の仲立ちとか、いろいろなものを引き受けすぎていたことも影響しているのかもしれない。
だから旅に出る先は、ほんとうはどこでもよかったのかもしれないね。日常から切り離されて一人になって、なにかと向きあって、なにかを感じることができれば。

自分のバランスを維持するようなもの？

うん。
たぶんそれがないと生きていけない、そういうたぐいのもの。

学生時代は、年のうち半分か、三分の一は旅行していたんじゃないかな。それがガンジス川であろうとアフガニスタン高原の砂漠であろうと、じつはあまり関係なかったんだと思う。

そういう感覚は、だれでも持っているものなのでしょうか。

ものづくりにかかわって、なにかをつくりたい、生みだしたいという気持ちを持っている人にとっては、とても大事なことだと思う。

以前、安藤忠雄[*1]さんと一緒にインタビューを受けたときに、ものづくりにたずさわる人にとってもっとも大切な資質はなんですか、と聞かれたんだ。そのとき安藤さんは、ぼくの横で「内藤、なんやろな、なんやろな」と言って、結局最後に「よくわからんけど、孤立感かな」と言ったんです。へぇー、と思いながら聞いていた記憶がある。そういえばそうだなあ、と。

実際、安藤さんは若いころ孤立していたんだよね。ひとりぼっちで、まわりとは全然ちがうところで建築をつくり続けている、という感じだった。そういう孤独感とか孤立感と、いつも向きあっていたんだと思う。その反動でそんなふうになっちゃったんですね、と言ったら、大笑いしてたけどね(笑)。すくなくとも、彼の若いころのメンタリティというの

＊1　安藤忠雄（一九四一〜）建築家。代表作は住吉の長屋（一九七六）、六甲の集合住宅Ⅰ（一九八三）、光の教会（一九八九）など。

は、そういう部分にあったと思うんだ。それはよくわかる。

ぼくもものに向きあっているときは、やっぱり一人だし、手助けは無用、という気分がある。そういう気分が、いつも必要だと思うし、その気分を得るために旅に出るのかな。


孤立感というのは、自由であるという感覚に近いですか。


近いでしょうね。

サルトル[*1]が「自由、それは死に似ている」と言ったことがあるけど、それは孤独のことだよね、基本的には。

自由であるということは、孤独であるということでもあると思う。


孤独であって自由であるからこそ、ある種の創造性が発揮できる。


孤独に耐えられないと、ものはつくれないだろうね。

これは相当きつい話ですよ。言葉で言っている以上に、なかなかつらいものがある。

たとえばどんな建物でも、設計は論理的に詰めていくわけだけど、理屈によりかかって決めているうちは楽なんだよね。でも最後に、ここは自分しか決められない、という局面

＊1　ジャン＝ポール・サルトル（一九〇五〜一九八〇）フランスを代表する哲学者、作家。実存主義哲学の中心人物で、戦後の世界の思想界に絶大な影響力を持った。内藤が指摘する言葉は小説『嘔吐』に所収。代表作は『存在と無』（一九四三）、『弁証法的理性批判』（一九六〇）など。

がいくつかある。そこでは、理屈は通用しない。

たとえば益田（島根県芸術文化センター）の外壁を瓦で全部覆いましょう、なんていう決断はぼくにしかできない。だって、理屈では決められないでしょう。もちろんスタッフのだれもできないし、役人にもできない。

でも、ほんとうにやっちゃって大丈夫だろうか、とどこかで思っているわけじゃない？これは自分が一人で決めないといけない、その決断によってものができてしまう、もののありかたが決定してしまう、ということにたいする恐怖感は常にある。

そこの責任は、たった一人で引き受けなければいけない。

まちづくりも同じ。まちの生き死ににかかわるような状況に直面したときは、一人でしか決められないよね。だれかに頼って、あるいはグループでみんなで決めました、というのは嘘だとぼくは思う。いちばん大事なことは、一人でしか決められない。

そのためには、孤独になる訓練というか、日常生活から切り離されて一人でものに対峙するという精神の鍛錬が、どうしても必要じゃないかな。

たぶん、精神の筋肉には二種類あってね。日常生活を暮らす筋力と、もうひとつ、瞬発力というか、ダッシュする筋力のようなもの。たとえば集中力。これは、一人でだれもいないところに孤独に立つための筋力だという気がする。

それは鍛えられるものですか。

難しいな……。

シリアスに言ってしまうと、才能ということなのかもしれないよね。だから、ある人とない人がいるかもしれない。

それを前提に言うけど、ものごとを美しいと思えるかどうか、美しさにたいする感受性を鍛えられるかどうか、ということかもしれない。ほんとうの美しさは、孤独な精神にしか響かない。

学生時代によく言われたんだけど、ぼくはときどき、突然に意識がポンと飛んでしまうみたいなんですよ。まわりにだれもいないかのような雰囲気、エアポケットに落ちたみたいになる、と言われたことがある。

たとえば海辺で、波が寄せては返す波打ち際を、ああきれいだな、と思うと、ずっと見ていたりする。あきないんだね。デートしていても隣に女の子がいることなんか、すっぽり意識から抜け落ちてしまう。一緒にいるほうはたまらないよね。

さっきの月を見ている話と同じ。なにかに引き寄せられるというか、そのときはほんとうに一人ですよね。地球上でただ一人、という気分。黄色いイチョウの美しさに心を奪われるのもそう。

心を奪われる、という言葉がありますね。ほんとうに心を「奪われる」わけですよね、対象物に。そういう自分の感情を開くことのできるタイプの若者だったんだと思う。それがいま、役に立っているんだろうね。

ぼくらをガチガチに縛っている日常から離脱しないと感受できないようなものが、身のまわりにもたくさんあると思う。そういうものに心をひらくことができるかどうかが、とても大切だと思う。

ぼくらは建築や土木をとおして風景づくりにかかわるプロを目指しているわけですけど、そういう心を奪ってくれるような風景や場所は、人為的につくることができる……？

人為的にはつくれないだろうね。

どこかで自然にできあがってくれるのを座して待つしかない、ということでしょうか。

カイバル峠とかベナレスの河畔だとか、特別な例をあげたけれど、べつに特別である必要はない。

たとえば、月がきれいだなあ、このアジサイの青がきれいだなあ、と思う心のなかにも、

ぼくらをガチガチに縛っている
日常から離脱しないと感受できないようなものが、
身のまわりにもたくさんあると思う。
そういうものに心をひらくことができるかどうかが、
とても大切だと思う。

そういう契機が含まれているかもしれないし、じつは一見普通の町のなかにだっていくらでもあるかもしれない。

ぼくたちが感じられるかどうか、にかかっているんじゃないかな。感じとった気分でものづくりに向きあえばいい。ぼくらにできるのはそれだけ。意図してできるもんじゃない。ぼくはね、なにか特別なものをつくろうと思うと、まちがうような気がしてならない。ぼくたちの仕事はそんなことを目指しているのではないと思う。

特別なものというのは、結局、前頭葉の辺りでつくりだすわけでしょう。そうやって、美しい風景をむりやり捏造するよりも、生きている風景をつくれるかどうかだと思う。

生きている風景をつくることができれば、どこかで感じとってくれる人がいるはずだ、と思う。そこで人が暮らしている風景のありかたが、地域の生存に深くかかわっている、そういうものでありさえすれば、仮にヨーロッパの連中が醜いと言っても、ぜんぜんかまわない。美しかろうが醜かろうが、こればかりはほかと比べてどうこういう話じゃない。

ただ、生きている風景をどうやって生みだすのか、これにはかなりの知恵がいる。いま、世の中がずいぶんタイトになってきていて、法制度と社会システムと経済がよってたかってぼくらを締めつけているからね。

でも、それらも結局、じつは人間の意識がつくりだしたものだよね。

だからむしろ意志の力で、人間がほんとうの意味で生きていくために、ぼくたちの意識がつくりだした枠にひびを入れたり、隙間をあけていかなければならない。建築にしろ土木にしろ都市計画にしろ、そういう分野にかかわる人間には、そこが問われているのだと思う。

ぼくの場合、五年前にポルトガルに留学していたときに、ナザレ[*1]やスペインの国境の町で見た、風しか聞こえないような風景がとても印象に残っています。その風景をよりどころにして、自分のバランスを保っているところがあるんですけど、ただ最近、自分がよりどころにしているものって、じつは自分のなかで都合よくつくりあげたものにすぎないんじゃないか、という疑念があって……それを今度、確かめにいこうと思っているんです。

いいと思いますね。

ひとつだけ言葉を贈るとするなら、スペインの詩人のだれかの言葉で「グラナダは変わらない。変わったのは私だ」というのがある。

君も、すこし年をとったんだね。

風景は変わっていないけど、君が変わっている。そこがおもしろいんだよね。

五年前に見た風景とはちがうものを、持って帰るチャンスという気はしています。

＊1　ナザレ
ポルトガル中西部、大西洋に面する港町。長く美しい砂浜に恵まれ、ポルトガル屈指のリゾート地としても有名。

ポルトガルの水平線は、変わってないはずなんですよ。変わったのは君自身であるわけだから、受けとるものがちがうはず。

五年前から経験を重ねてどう変わったのかを測る目安として、いいんじゃないかな。

ナザレの海岸で考えてください(笑)。


内藤先生自身の、拠って立つ風景や場所は、あるのですか。


あるかなあ……正確な意味では、ないかもしれないね。

ぼくは子供のころに、五歳まで住んでいた家を失った。横浜にあった大きな屋敷がなくなったときに、戻れる場所を失った。だからあの瞬間に、一種のノマドになったんだと思う。もしあの家がそのまま残っていたら、その場所に立ってみたいとは思う。

もちろん、大切な瞬間はいくつかあるよ。カイバル峠を見た瞬間とかね。

でも、それがぼくの拠って立つ場所か、というと、どうだろうね。

たぶん、いまカイバル峠に立ったところで、ぼくも向こうも、かつて邂逅したときとはまったくちがう状況だからね。

だから、常に戻れる場所、とはいえないね、きっと。

三……女、男、夫婦

おまえはすべてを失うような失恋をしたことがあるか、と内藤先生に二度問われたことがあります。ぼくには、五年以上つきあっている彼女がいるのですが、はたしてこのままでいいのか、と思うこともあります。ただ、すべてを失うことができるか、というと……。

いいんじゃないの、たくさんつきあってみたら(笑)。
だいたい、ほんとうに好きなんていうのは二年くらいが限界だからね。

内藤先生は大失恋の経験があるのですか。人生観が変わるような。

あるよ。それでものすごく変わったと思う。
いまぼくはこんなソフトな顔をしているけど、学生時代は剃刀みたいだ、と言われたこともある。それが大失恋を境に変わった。丸くなった、というか、ぼろぼろ刃が欠けた。
克服できない不可能性というものを知った。

自分の手に届かないもの、ということですか。

うん。

若いときはなんでも可能だと思いがちだけど、絶対的に不可能なことがある、というのを身をもって知った瞬間かな。ぼくはそれまで議論に負けたことがなかったんだけど、そういう人間じゃやなくなったね。

ようするに、他者のすべてを理解することなどできない、そしてそれを受け入れないと何事も成り立たない、という気分がそのころから芽生えてきたと思う。ほんとうの意味での他者がはじめて自分の前に立ち現れたのかもしれないね。

「女は俺の成熟する場所だった」という小林秀雄[*1]の言葉、感覚としてわかりますか。

わかるね。

女性は大事ですよ、男にとって。

ただ、ぼくの場合、自分が成熟できているのかいないのか、よくわかりません……。

それは、想像力がしぼんでいる可能性があるね(笑)。

もし君がものすごく想像力豊かな人間だったら、どんな女性にたいしても美しさや新たなものを発見できると思う。だけど想像力がしぼんでいたら、新しい発見がないのでつま

＊1　小林秀雄（一九〇二～一九八三）
文芸評論家。日本の近代批評の先がけ。評論の対象は文学のみならず、哲学、芸術全般に及んだ。代表作は『無常といふ事』（一九四三）、『モオツアルト』（一九四六）、『本居宣長』（一九七六）など。「女は……」は、『Xへの手紙』（一九三二）の一節。

らない、ということになる。君だけではなくて、相手も同じように感じているかもしれない。そうなると、シンクロしたにしてもレンジがどんどん小さくなっていってしまうよね。そこには希望はないよ。

ぼくはね、想像力というものは、なにごとかを失ったときにはじめて大きな振幅を持つことができるのではないかと思う。つまり、大切ななにかを失う、なにかがなくなるということのなかに、想像力のカギがあるような気がする。

たとえば失恋するとか、大事な人が死んでしまうとか、子供のころに育った家が壊されてなくなるとか。広島の人たちであれば、一瞬にして見ている風景が消えてなくなったとか。人間は大切なものを失ったとき、それをなにかで補おうとするんだね。そのときに、想像力が最大限引き延ばされる。

だから、失恋もおおいにすればいい。

ただ、一所懸命に恋をして失恋しなければだめだよ。そこそこなら、小さな想像力しか手にはいらない。あいつと別れてもまあしかたないかな、という程度では、想像力はたいして鍛えられない。

決定的に好きになって、決定的にふられた場合は、これは人間としておおいにけっこうなことだと思うけどね。

自分でも、一歩踏みだす必要があるんじゃないか、とは感じているのですが……。


一度一人になってみるんだな(笑)。

ぼくの場合は、未来が見えてきたらいやだ、というのがあるね。先が見えないからおもしろい。見えたとたんに息苦しくなってくる。これは生きかたの問題だね。

たとえば、東京大学はもはや去る時期にきていると思っている。ここでやれることはおおかた見えてきたからね。またゼロに戻ってやりたい。

もちろん、ある環境を失うわけだから寂しいけどね。でもね、失ったときにこの大学のよいところがいま以上に見えるんじゃないかな。

一歩踏み出すというのは、そういうことだと思うけど。


先が見えてくると、いやになる?


基本的にはね。だって、楽しくないじゃない?

ものを生みだす人間には、未来にたいする恐怖と、過去を切り捨てる勇気と、両方求められる。精神的に常に素っぽだかでなければ。

もちろん、そんなやつばかりだったら世の中危なっかしくて成り立たないからね。自分

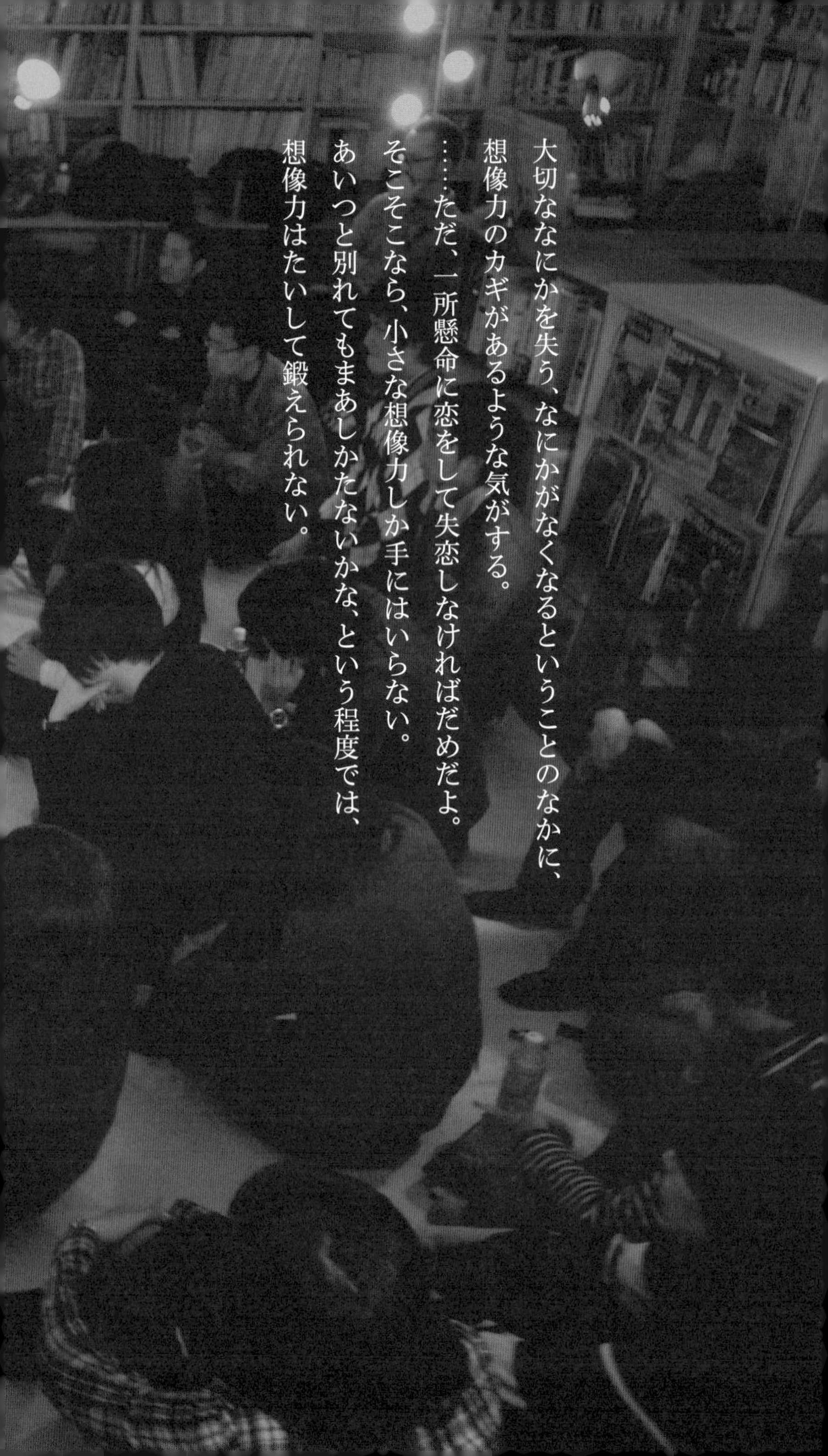

大切ななにかを失う、なにかがなくなるということのなかに、
想像力のカギがあるような気がする。
……ただ、一所懸命に恋をして失恋しなければだめだよ。
そこそこなら、小さな想像力しか手にはいらない。
あいつと別れてもまあしかたないかな、という程度では、
想像力はたいして鍛えられない。

に備わっている属性次第だけどね。

すくなくともぼくは、なれあってひとつところにダラダラとどまるのはいやですね。


しかしそうは言いながらも、内藤先生の女性関係は、制度として整えられた恋愛、結婚、家庭というレールを律儀にたどっているように見えます。少なくともピカソ[*1]みたいな人と比べれば圧倒的に清廉潔白そうで。真実は存じあげませんが(笑)。常に無に戻る、という内藤先生のエネルギーは、女性以外のいったいなにがもたらしているのですか。


ぼくの人生を振り返ると、きれいに一〇年周期でゼロに戻っている。もともとそういう人間なんでしょうね。

それと、吉阪先生に「一〇年同じ穴を掘れ」と言われたことも大きいかもしれない。一〇年同じ穴を掘ればなにかが見つかる、と言われた。とりあえず一〇年掘るか、という気分がどこかに刷り込まれている。

だから、建築家として独立して三〇代から四〇代のはじめまで、ほとんど同じ穴を掘った。四〇代では、建築家としてまたちがう穴を掘った。五〇になって東大の土木に来て、これもだいたい一〇年。一〇年やると、これ以上はちょっと耐えられない、という感じになる。いろいろなものがはりついて、固まってくるから、それを壊したいんだね。

＊1　パブロ・ピカソ（一八八一〜一九七三）キュビスムを展開したことで著名なスペイン出身の画家。生涯を通じて、多くの女性と恋に落ちた。代表作は「アヴィニョンの娘たち」（一九〇七）、「ゲルニカ」（一九三七）など。

ぼくの場合、家族というものがあるようなないような、不思議な感じなんですよ。ピカソのようにならなかったのは、おそらく、母親の存在が強く影響している。母親のものの考えかたが、わりとステレオタイプだったのかもしれない。

ただ、ものづくりとして、家のなかにどっぷりと漬かっていると窒息死してしまうので、ウィークデーは東京で一人で暮らしている。二重生活だね。

家庭におけるぼくというのは、妻にとっての夫であり、同居している父母にとっての長男であり、娘たちにとっての父親であり、という具合にさまざまな役割を演じているわけだけれど、もしそれを毎日毎日繰り返していたら、ものをつくるうえでのなにかが失われていく。ぼくはそういうタイプの人間だ、と自分では思っているんだけど。

結婚して一〇年目くらいに、うちのやつと二人で話しあったことがある。そういうのは無理だ、と。いま考えれば、よく理解してくれたと思う。

それ以来、東京に部屋を借りて、週末だけ鎌倉の自宅に帰るという生活をしている。だから、ウィークデーは一人の人間として生きさせてもらって、週末だけはステレオタイプの人間として、できるだけ努力している(笑)。

クリエイターにかぎらず、家庭では家庭の顔を演じ、職場では職場の顔を演じ、というのが普通ですよね。でも、それだけが自分の人生のすべてである、となってしまうと、やっぱり居た

たまれないような感じになる……。

男の属性というのは、もともとそういうものかもしれないね。たとえばぼくは、夫であり、息子であり、父親でもある。事務所に行けば、経営者であり、所員のチームリーダー的存在であり、なおかつ一人の建築家である。もちろん、男でもある。毎日これだけの役割を演じきるのは不可能だよね。だから、東京に居場所を持つことによって、切り替えるチャンネルの数を半分にした。

いまは、さらに研究室の教授だとかキャンパス計画室長だとか副学長だとか、大学というチャンネルが加わって、全部で一〇チャンネルくらい演じていることになる。そうすると、ぼくにとっていちばん大事なものづくりのところが薄まってしまいかねない。

そうならないように努力しているけど、ある程度薄まってくるのは、これはどうにもしかたがない。それが目下最大の問題だね。

大学をやめれば、またチャンネルはずいぶん少なくなるはずだけど。

男がなにか大事な局面を生きていく際に、やはり孤独を必要とすることはありますよね。社会のなかで制度的に生きていかなければならない場面が増えれば増えるほど。

難しいんだよね、そこが。

一人になればいい、という単純な話ではなくて、こびりついているものを捨てられるかどうかだからね。建築家だとか大学の先生だとか、父親だとか息子だとか、そういうものを全部消去しないと孤独になれない。

意識の問題でもあるしね。

そういう内藤先生の人生にとって、奥さまとか家族というのはどういう存在なのですか。若いころといまとでは、その存在はずいぶん変わるものなのでしょうか。

そりゃ、変わるよ。局面局面で、ものすごく。

君たちは、夫婦というひとつのパターンがあると思っているかもしれないけれど、大きな勘ちがい。恋愛して好きあった同士が一緒になるわけだけど、長くて二年、うっかりすると半年で、ちょっとちがう存在になってくるからね。

たとえば言葉の意味ひとつでもちがってくる。はじめて会う人だと、発せられた言葉の意味をステレオタイプ的にしか受け取ることができないけれども、日常生活をともにしていると、その言葉が宿している全体の意味というか、言葉の背後にあるものを理解して受け取れるようになる。これは、恋愛とはちがうんだよね。好きだ、という状態から、好きでも嫌いでもない状態に移行する。

そして子供ができると、女性の関心は本能的に、完全に子供のほうを向く。必然的に男は孤立する。そうすると子供が夫婦関係のまんなかにあって、私は子供の父親である、という意味合いが支配的になって、夫婦なんてほとんどないも同然になる。私はこの子供の父親で、この子供の母親はこの人、という子供が仲立ちする人間関係。子供が五歳くらいまで、動物的にそうなってしまうんですね。

ところが、この子供も自立していく。そうすると、また夫婦関係も変質してくる。たぶんその先はね、女性にとって、ほんとうは男なんていらないんだろうな。そういう社会制度だってありうると思うよ。

少なくとも母親という属性は、動物的な段階から教育的な段階まで、子供を育てなければならない。母親の育児期間というのは、原始社会だったら五年くらいだろうけど、いまは一五歳とか、大学生になる二〇歳くらいまで。ようするに、一〇年だか一五年くらい、人間は余計に手をかけて子供を育てている。そこに、男はべつにいらないんですよ。あえていえば、こいつは餌をとってくるだけ、金を持ってくるだけ、みたいな役回り。

だから、局面局面でぼくの役割は変わってくる。結局、夫婦とはなにかっていうことだけど、関係性は常に変質し変化する、と考えたほうがいい。

うちの場合は、家内がぼくの事務所のマネージングをやっているので、ものづくりと仕事のうえでの同志のような感じが強いけど、仕事の状態だって常に変化するしね。

パートナー、ですか？

というより、もっと強い関係だな。一緒につくっているという感じ。難しいのはね、そういう関係の背後に、父親であるとか母親であるとか、あるいはぼくも男だし相手も女である、といった属性がくっついているということ。だから、ときどき話しますよ。一緒に住む意味はあるのか、とか。社会制度にとらわれなければ、もっとちがった関係の持ちかたもありうるかもしれない。

ただぼくの場合、四世代が同居する自宅をつくったときに、大家族というビジョンを一度は持ってみようと家内と相談したことが大きい。つまり、男、子供、女という関係の外に、もうひとつ、母親や父親、さらに弟や祖母という存在を含めて生活を考えるということ。そこが壊れないでなんとか世代をつないでこれたことが、家庭関係を保持するひとつの要因になっていたのかもしれないね。

奥さまは同志のような存在、と言われましたが、たとえば仕事の内容にたいしてもかなり意見を？

きついよ(笑)。
認めるものと認めないものが、はっきりしているからね。こっちは必死になってやっているのに。でも、肝心なところでかならず的を射たことを言う不思議な能力を持っている。きついけど、そこのところは信じていますね。

たとえば、言われたことを一年後、二年後に振り返ってみて、当たっていたりしますか。

残念ながら、当たっていることが多いね(笑)。
それはしかたないんだよね。こっちはボクサーみたいなもので、リングに上がって殴りあってる。もちろん相手も殴ってくる。
そういう生きるか死ぬかってときに「あんたさ、右フックもっと出さなきゃだめ」とか言われても、そうはいかないんだよな(笑)。

結婚当初からですか。

うん。
もともとそういうタイプだね。

セコンドみたいなものですよ。助けられるときもあるし、そうじゃないときもある。

この場には未婚の男が多いですけど、そういう女性はおすすめですか。

あまりすすめないね(笑)。たいへんですよ。

ぼくの家は休息をとる場所という感じではない。戦場の一部。家に帰ると、ある種の闘いのようなものがあって、セコンドがいろいろ言うわけ(笑)。一週間の大半をぼくは東京で一人暮らししているけど、一人のほうが休まるよね。

でもまあ、結婚というのは、ひとつの縁でもあるし、好きだのなんだのという話も入り口であるわけだから、してみたらいいと思うんだよね。べつに一回だけと法律で決められているわけでもないし(笑)。

頭で考えてするものではないんだから、やってみたらいいと思う。

結婚って社会制度ですよね。なのに、考えてするものではないんですか。

頭で考えたらできないよ、こんなバカな話(笑)。

結婚式では、永遠の愛を誓いますとか、汝病めるときもなんちゃらとか言うけど、ありえないよね。

ほんとうに好きなのはせいぜい一年か二年。はじめはどんなに好きでも、その感情を一生保ち続けることなんてありえない。それは現実を無視した理念だね。べつのものに変わっていくんですよ。結婚なんて入り口にすぎない。

だけど、その入り口まで頭で考えて論理化してしまうと、結婚すること自体、ありえなくなっちゃうじゃない？　ずっと一人を好きでいるなんて考えられないわけだから。

だから、そこはとりあえず考えないことにするんだよ。入り口は感情でいい。


みんな、そうなんでしょうか……。

そうなんじゃないの？（笑）
もちろん、打算でしているやつもいるかもしれない。金持っているから結婚するとか。人間はいろいろだからね。
いずれにしろ、相手の鼻の穴が大きいとか、毛穴にゴミがたまっているとか、そんなところまでよく見て考えはじめたら、結婚なんかできませんよ（笑）。
まあ、しのごの言わず、みんなとりあえずだれかと一緒になってみたら？（笑）

四……恩師

吉阪隆正先生に出会ったのは、どういういきさつなのですか。

吉阪先生に出会うに至る過程を説明すると、すこし長くなるけど。

建築家の山口文象さんがおふくろの実家の隣で、子供のころからよく遊びにいっていた。高校三年のとき、大学どこに行こうかな、と考えていたら、隣のおじさんは建築やってるみたいだから話を聞いてみたらどう?と言われて、建築家っていうのもおもしろいかもしれないと思って、訪ねてみた。

そうしたら「建築を勉強しておけば、サラリーマンでもなんでもやることができるし、まあとりあえず勉強してみたら」といい加減なことを言われた。

ただね、ぼくは高校三年の秋まで卓球部のキャプテンをやっていて、強かったんですよ、こう見えても(笑)。卓球やってたなんて、あまり大きな声で言いたくないけど、ともかく練習がハードだった。ほかのどの運動部よりきつかったかもしれない。

その当時、インターハイのベスト八のうち四人が神奈川県で、その神奈川県でもぼくは全学年のベスト16、学年ではベスト八に入っていたんですね。朝から晩まで運動ばかりやっていたから、二、三年浪人して東大に入ればいいかなあ、ぐらいに思っていた。

やっぱり東大だったんですね?

ぼくの親戚は東大卒が多いので、ミッションみたいになっていた。

そうしたら最初の年は、安田講堂炎上で試験がなかった。

一浪して次の年も失敗して、滑り止めで早稲田を受けたら合格したので、とりあえず通いはじめた。

さっきも話したけど、そしたらこれが、つまらない。当時、雰囲気が悪かったんだね。前に話したように、そのとき東大受け直そうと思って、もう一度山口さんを訪ねたら「まあ、ひろちゃんね、青春の一日一日はとても大事だから、そんな無駄なことに時間を使うべきではないよ。あんたの行っているところには吉阪という変わった男がいて、あれはなかなかの人物なので、彼のところで勉強するといい」と言ってくれたんですよ。

吉阪先生は、当時たしか理工学部長だったと思う。でも大学は荒れ果てていて、授業もない。そういうときに、直筆で書いた大きな貼り紙を門のところに出していた。そのときになにを考えているかを書いて貼っていたんですよ。学生たちは言うこと聞かないし、学生たちの前でなにか言えば、追いかけられて団交みたいになってしまうから。

『告示録』[*1]という本になって残っていますけど、黙示録[*2]にひっかけて告示録。変わった人だよね（笑）。

あるとき、車前草《オオバコ》という雑草について書いていた。

車前草というのは、人の歩く地面の硬いところに生える。踏まれるから、ボロボロにな

＊1　『告示録』
吉阪隆正が早稲田大学理工学部長在任時に出した告示などを集めた書籍。一九七二年、相模書房刊。

＊2　黙示録
ヨハネの黙示録。新約聖書の最後に配置された文書。ローマに迫害されていた小アジアのキリスト教徒に激励と警告を与える内容。

ってみすぼらしいのだけれど、踏まれるようなところでないと生き残れない。普通のところに生えると生存競争に負けてしまうから、その草は踏まれるところに生えることによって生きのびる。そうして車前草は荒れ地を緑地に変えていく、というようなことを書いていた。学生運動に巻き込まれて焼身自殺した学生のことを悼んで書かれた文章だった。

おもしろい人だな、と思った。

はじめてその姿を目にしたときのことは、いまでも覚えている。荒れ果てたキャンパスを、吉阪さんが一人でぱーっと横切っていく。そしたらね、どういうわけか、それだけで全体の雰囲気が変わる。こういう人っているんだ、と思った。

それで、研究室を志望して会いにいった。

大学には、むしろ友人との出会いを期待するところも大きいと思うのですが。

おもしろいやつはいたんだろうけど。ほんとうに仲がよかったのは一人だけ。

大学が荒れていて、友人との出会いどころではなかった？

おそらくぼくのひとつ前の、大学闘争[*1]のどまんなかの世代は、学生同士の連携というの

＊1　大学闘争
一九六〇年代に起きた全学共闘会議などによる学生運動。大学の運営方針に反発した学生らが、ストライキや校舎占拠などの過激な抗議活動を行った。東京大学や日本大学での運動が有名。

があったと思う。だけどぼくのころは、学生運動はかなり陰惨になっていた時期。だから運動やっているやつらも、なにが目的なのかわからないわけ。

安田講堂に全共闘の学生がたてこもっていたあの時期というのは、当事者たちは、いまでも楽しそうに話すよね。社会にプロテストするという目的がはっきりしていて、自分たちが社会を担うという気分もあったのだと思う。

それが機動隊につぶされて、でもやめるわけにもいかず、ということで中途半端に残っていたのが、ぼくのころの学生運動だった。ぼくはそれになじめなかったんですね。さりとて大学生として普通に時間を過ごすことにも違和感があった。そういう連中が集まっていたんじゃないかな。

楽しくもないしラジカルでもない、すごく中途半端な感じ。

ただ、ぼくもデモには行きましたよ。ノンポリだからほんとうはいやだったけれど。

佐藤栄作[*2]が総理大臣で、ちょうど七〇年安保[*3]のとき。

佐藤栄作は、あのとき、声を発しないということは賛成しているということだ、と言ったんですよ。つまり黙っていると賛成したことになる、しかし賛成でもない。どうしようかと迷っていたら、まわりをデモ隊がうろうろしていたので、まあ声だけは上げよう、と参加したんですね。どういうセクトだったのか覚えてないんだけど。

ただ、そこでぼくはすごくいやな思いをした。

＊2　佐藤栄作（一九〇一〜一九七五）
政治家。通商産業大臣など、大臣職を歴任したのち、内閣総理大臣（第六一〜六三代）を務めた。小笠原諸島・沖縄返還の実現や非核三原則を提唱した人物として知られる。一九七四年、ノーベル平和賞受賞。

＊3　七〇年安保
一九七〇年の日米安全保障条約の延長に反対して、学生や市民が日本政府に条約破棄を迫った運動。

デモというのは、シュプレヒコール[*1]でスローガンを叫ぶんだけど、おれはそうは思ってない、というスローガンも叫ばされる。自分が考えていることを表明したいのに、考えていないことまで強制的に言わされるというのが、すごくいやだった。

それで、やめた。


大学という場所そのものにも、価値観を見いだせなかった……？


学生が大きな自己矛盾を抱えていたからね。

つまり、大人とか上の世代にたいして、おかしいんじゃないか、と強烈に叫んで批判しているくせに、四年生になると、ネクタイ締めて就職活動する。学生運動やっているやつらもやっていないやつらも、企業に行って面接を受けているという、この矛盾。

だから、すごくねじれていたと思う。

友人との出会いどころじゃなかった。


そういうときに出会った吉阪さんという人は、内藤先生にとって救いというか、決定的な存在だった、ということですね？

＊1 シュプレヒコール
デモや集会に参加した者たちが主張やスローガンを繰り返し唱和すること。

あの人は大きな人だったからね。

日本のことというよりも、世界のことを考えていたし、当時世界が見えていた数少ない人物だったと思う。

人間としてもすばらしかった。あの人に出会えたことは、ほんとうに大きかった。


でも、吉阪さんと顔を合わせていながら、出会っていない学生がたくさんいるはずですよね。つまり、内藤先生にとって吉阪さんとの出会いが大きかったにしても、べつにそうならなかった学生も山ほどいる。つまり、内藤先生のなかにあった飢えや渇望、矛盾とか悩みと、吉阪先生という人間の存在がどこかでシンクロしたから、「出会う」ことができたのではないんですか。


どうだろう？

向こうは雲の上の人みたいな感じで、たかだかハタチ過ぎの若者がシンクロするなんて、考えられないよね。

ただね、一度、吉阪さんと死について話したことがあるんですよ。

ちょうど卒業設計のエスキスのアポイントを吉阪さんにとっていた、その数日前だったかな。ぼくの高校時代の親友が、道に飛び出した子供を轢いて死なせてしまう。その親友の家の人に、部屋にとじこもっているから話しに来てくれと頼まれて、彼と徹夜で話をした。それが吉阪さんに会う前の晩。

そいつは児童文学をやろうと思っているくらい子供が好きだった。心の優しい男だった。そのときそいつは、なにも感じとれない自分というものにとまどっていた。だれかを傷つけて、命を絶つということにたいして、自分の気持ちのなかになにも起こってこないということに、とまどっていた。

徹夜で人間が生きることと死ぬことについて話して、その足で吉阪さんのところに行った。卒業設計の相談をする前に、人間というのは人を殺せるものか、ということを聞いたんですね。二二歳のとき。まあ、生意気だよね。

そうしたら、腕組んで天井見て、目をつむって考えはじめちゃった。肝心なことを聞いたときの吉阪さんのくせで、黙るんだよね。つらいよ、黙られると。まずいこと聞いちゃったかな、と思うしね。

しばらくして向き直って、「道具があればできると思う」と言われたときに、なるほどと思ったんですね。

あの世代は戦争に行っている。将校として当時の満州に行っている。吉阪さんは山のように文章を書いたし、記録も残っているけど、戦争体験についてはいっさい語っていない。おそらく、もっとも言いたくないなにかしらの体験をしたのだと思う。だから、吉阪さんは黙って宙を見上げて、つまり自分が戦場に行ったときのことを思い出して、そういう言葉を吐いたのではないかと思う。人間というのは本来そういうことが可能な動物だ、と。同時に、だからこそそうならないような方法を見いださなければいけない、ということを言外に伝えたかったんだと思う。

ぼくの卒業設計については、死のエレメントが足らない、それを入れるべきだ、と言ってエスキスはおしまい。

だからこの一点で、ぼくがすごく真剣に考えていたものと、吉阪さんの原体験みたいなものとが触れあった、ということはあるのかもしれない。

だから、若者は生意気でも、純粋であればいいいんじゃないかな。学生がほんとうに思っていることを聞いて、教師の側がほんとうに思っていることを答えられるかどうかが、出会うか出会わないかの差かもしれないね。

その意味では、ぼくときみたちは、いま出会っているのかもしれないよ。

五……才能のかたち

大学を出て、なぜスペインのフェルナンド・イゲーラスのところにとびこんだのですか。

ひとつはね、大学院に入ったころに「もう日本の建築界はダメだ」と思ったから。働こうと思えば働けたんですよ、どこでも。とりあえず優秀だったので(笑)。でも、これといって勤めたいところはなかった。

スペインの設計事務所に行く、と両親に言ったとき、そんなわけのわからないところに行かずにまずは大きな会社に入れ、というようなことを言われたけど、聞かなかった。父親には、社会というのはいろいろなことがあるものだから、まずはきちんとしたところに入って、勉強して、それからでもいいじゃないか、と諭されたけど、言われれば言われるほど反発するタイプだから(笑)。

さてどこに行こうか、と考えた。

当時は、もちろんコルビュジエ[*1]もライト[*2]もいないし、ルイス・カーン[*3]のところもすこし考えたけれど、そのころあまり建物を発表していなかった。ほんとうはダッカの計画だとか大規模なプロジェクトをやっていたのだけれど、それは知らなくてね。アールト[*4]も、もう死にそうだ、と聞いていていたし。

そんなとき、大学二年のころだったかな。建築雑誌の『a+u』でフェルナンドの特集があって、それを見てこいつはおもしろい、と思ったのを思い出した。そのころちょうど、

＊1　ル・コルビュジエ（一八八七～一九六五）スイスに生まれ、フランスで主に活動した建築家。モダニズム運動の先駆者として活躍。代表作はサヴォア邸（一九三一）、ロンシャンの教会（一九五五）、ラ・トゥーレット修道院（一九五九）など。

＊2　フランク・ロイド・ライト（一八六七～一九五九）アメリカの建築家。代表作は帝国ホテル旧館（一九二三）、カウフマン邸（一九三六）、ジョンソン・ワックス社（一九三九）など。

＊3　ルイス・カーン（一九〇一～一九七四）アメリカの建築家。「二〇世紀最後の巨匠」と呼ばれる。代表作はソーク研究所（一九六五）、バングラデシュ国会議事堂（一九七四）、キンベル美術館

友達と車でサハラ砂漠を縦断する企画をしていたんだけど、パリからスペインを抜けてジブラルタル海峡を渡る途中にマドリードに寄れるので会いたい、とフェルナンドに手紙を書いて、会った。とても魅力的な男だった。

当時、建築を形而上学的に語る論理、つまり磯崎新さんがつくりあげていた世界、それとポストモダニズム[*5]の思想が建築界を席巻していた。ぼくも若かったから、それが完璧だと思えたんだけど、フェルナンドに会ったとき、まったくちがう視点があることを予感した。

磯崎さんのなにが完璧だったんですか。

ようするに、モダンというプロセスを経て情報化社会へ、という社会の進化過程において、建築の形態を決める論理とはなにかということに関して、磯崎さんが語っていることや実際にやろうとしていることは、とうてい超えられないと思った。いまならどうということはないように思えるけれど、当時はまったく新しい建築の思考方法だったから。

ちょうど大衆社会、消費社会、情報化社会というものが芽生えてきていた時期で、磯崎さんはそちら側から発想していた。メタボリズム[*6]をはじめとする六〇年代の、建築を生みだすサプライサイドからの論理ではなくてね。

磯崎さんは賢い人だから、七〇年の大阪万博以降、主導権が供給側から需要側に完全に

（一九七二）など。

＊4　アルヴァー・アールト（一八九八〜一九七六）フィンランドの建築家、デザイナー。モダニズムを代表する巨匠の一人。代表作はパイミオのサナトリウム（一九三三）、マイレア邸（一九三九）、フィンランディアホール（一九七一）など。

＊5　ポストモダニズム　合理主義・機能主義を標榜してきたモダニズムへのアンチテーゼとして、装飾性、多様性を重んじた主義および運動。

＊6　メタボリズム　一九六〇年代に黒川紀章、菊竹清訓、川添登らによって世界に発信された建築運動。建築や都市を新陳代謝する有機体としてとらえ、可変的なシステムを持つ理論や作品を提案した。

裏返ったことを理解していて、それをベースにポストモダニズムという枠組みを論じていたので、その構図は社会の進化のプロセスとして相当パーフェクトに見えた。

このまま日本にいてもしかたないし、とくに行きたいと思えるところもない。吉阪先生は忙しすぎるしね。

それで日本を出たいと思って、当時『a＋u』の編集長だった中村敏男[*1]さんを訪ねて、フェルナンドのところに行きたいんだけどどう思いますか、と聞いたら、ビックリしてさ。ロンドン、ニューヨーク、パリっていうならわかるけど、なにを好きこのんでマドリードなんて片田舎に行くんだ、と言われた記憶がある。


フェルナンドの作品を雑誌で知って、ここなら行きたいと思った、ということですか。


磯崎さんとは完全にちがう思考だったからね。

フェルナンドの場合は、たとえばなにかを美しいと思うとき、その美しいと思うことのなかに本質がある、とする見かた。アーティスティックな直感を大事にする。もともとラテン系の思考のなかに根付いている感覚なのだと思う。これは、磯崎さんのような形而上学的論理構築によるデザインアプローチとは正反対で、たとえば貝が美しいとか花が美しいとか、そこから入る。

＊1　中村敏男（一九三一〜）建築史研究者。早稲田大学理工学部建築学科を卒業後、編集者として近代建築社、鹿島出版会を経て、『a＋u』編集長を一九九五年まで務めた。

美しいと思うことのなかに真実がある、というのがラテン系、というよりスペイン系のものごとの考えかたで、ぼくにとってとても魅力的だった。

以前内藤先生から、フェルナンド・イゲーラスというのはとんでもない才能だった、という話を聞いたことがあります。

スペイン人でも、もはやフェルナンドという名前を知らないかもしれない。晩年、あまり成功したとは言えないからね。

彼は国立マドリード大学建築学科の二年のときに、スペイン全国の水彩画コンテストのゴールドメダルをとるんですね。次の年もゴールドメダルをとる。

それは真に鬼気迫るすばらしい絵で、彼は絵描きとして身を立てようかと考えるんだけど、そんなとき、アントニオ・ロペス・ガルシア[*2]というスーパーリアリズムの元祖、歴史に名を残す画家に出会って、こいつにはかなわないと悟って、絵をあきらめる。彼はフェルナンドの生涯の親友になった。日本でも上映されたけど、ビクトル・エリセの『マルメロの陽光』って映画がある。アントニオのドキュメンタリーだけど、やっぱりすごいね。

その後、ギターもやって、有名なアンドレス・セゴビアというギタリストに弟子入りして、コンサートを開くほどの腕前になるんだけど、結局、建築をやろうと考えて建築学科

＊2　アントニオ・ロペス・ガルシア（一九三六〜）スペインの画家。リアリズムの画家として世界的に高い評価を受けている。一九九二年には、スペインの映画監督ビクトル・エリセがガルシアの絵を主題にした映画『マルメロの陽光』を製作。

での勉強に戻る。寄り道をしたので、卒業するのに八年かかったらしい。当時のマドリード大学建築学科の学生は、二〇人いるかいないか。ようするにエリートですね。そういう建築学科で彼はいつも一番で、卒業してからは、実現しなかったけれどマドリードのオペラハウスのコンペで一等をとったりする。

そういう早熟の天才のような人。

フェルナンドに会ったとき、才能と呼べるものがあるとすればこういうものか、と思った。とんでもない集中力。日本人にはまず無理だと思う。あらゆることを、特定の時間と空間の一点に収束させるには極度の集中力がいるんだけど、それができる稀有な人だった。

白い紙にすっと線を描く、その線がものすごくきれい。あるいは、いまこんなの考えてるんだけど、とA5判の半分くらいの小さな紙を渡されたことがある。それは当時取り組んでいたカナリア諸島の一五〇世帯くらいの集合住宅のプロジェクトのスケッチでね。心底びっくりしたんだけど、こんな小さな紙に鉛筆で、集合住宅の全体像から、ほぼ原寸のディテールまでが表現されていた。

なくしてしまったのが、ほんとうに悔やまれるけど、これはかなわない、と思った。建築とアートの境界線にかぎりなく近い。

こういう特別な才能は、おそらく日本にはこれまで現れていないし、当時、ヨーロッパにもいなかったと思う。

スペインには、そういう人がときどき現れる。ピカソの一時期、それからダリ、ミロ。哲学でいえばオルテガ[*1]ですね。

フェルナンドの場合も、たまに現れるとんでもない才能のひとつだろうね。

そのときも、やはりやめようかな、と思うわけですよ(笑)。こんなのできない、と。ただフェルナンドは、ものすごく高みにあるインスピレーションをつかまえる能力はずばぬけて優れていたけど、持続しないんですね。一瞬つかまえるんだけど、ものすごく集中力がいるから、それを持続できない。

建築というのは、いろいろな人や社会制度、業界、そういう広がりのなかで、しかも何年か時間をかけてつくるものだから、持続力が求められる。ぼく自身は凡庸な人間なので、フェルナンドのようなインスピレーションを手にすることはできないけれど、持続力という意味では可能性があるかもしれない、とも思った。

そういう意味では、フェルナンドは建築家としては不向きな才能を持ったのかもしれない。事実、一生を通してそれほど成功したとは言えないんですね。二〇代後半から三〇代前半で花開いて、満開の状態になってしまったという感じがする。

建築や土木、都市の設計やデザインには、ある種の芸術創作に求められる極度な集中力、あるいはアーティスティックな才能はとくに必要ない、ということですか。

＊1　ホセ・オルテガ・イ・ガセト（一八八三〜一九五五）スペインの哲学者。独自の「生の哲学」を唱え、広く現代文明を論評した。代表作は『大衆の反逆』（一九三〇）など。

アーティスティックというよりもっと普遍的な能力、いわば意識の持ちかたが大事なんだと思う。

たとえば建築家でも、前川國男はへたくそだったし、おそらくルイス・カーンもへたくそだった。でも彼らには、なにかを器用に美しく描く能力とはちがう次元の能力があった。それは、文化や人間にたいしてのビジョンのようなものだね。そのほうが重要だと思う。ただ、フェルナンドのようにずばぬけた才能に出会って、自分にはとうていできない、と感じることができたのは、貴重な体験だったと思う。

ぼくは若い時期に、ほんとうにすばらしい人たちにたくさん出会うことができた。山口文象さん、大学では吉阪隆正先生、それからフェルナンドに会って、菊竹清訓さんや西澤[*1]文隆さんに出会って。

その点、ぼくはすごく恵まれている。

いま前川國男さんの名前が出ましたけれど、前川さんは四〇代くらいで当時の建築家としてトップレベルの評価を受けて、その後作風が変わった人ですよね。評価に安住せずに本質をさらに追求していったのはいいけれど、その後半生にたいする一般の評価はそれほどでもなかったのではないか、という気がします。

＊1　西澤文隆（一九一五～一九八六）
建築家。坂倉準三のもとで設計に従事しながら、研究者として日本の神社仏閣、茶室、庭園の実測調査を数多く行い、コートハウス論、庭園論などを展開し、著作を残した。代表作は正面のない家（H邸、一九六三）など。

前川さんの不幸は、丹下健三という人間がいたことですね。すくなくとも六〇年代の丹下健三には、あきらかに才能というものがあった。

一方で、前川國男さんのスケッチを見せてもらったことがあるのだけれど、これがへたくそもいいところ。かりに建築の設計演習のエスキスで持っていったりしたら、おまえなに考えてるんだ、と言われるくらいへたくそだよね。

だけど、前川さんはあきらめなかった人。丹下さんとは、才能のかたちがちがうんだろうね。

それから前川さんは、あまり評価を気にしない人だったのではないかと思う。仕事のあるなしは気にしていたかもしれないけれど。

丹下さんは、評価を気にしていた人ですか。

丹下さんという人は、ある種の政治性をもちあわせていたからね。

だからもしかすると、前川さんよりスケールが大きいのかもしれない。その意味では、どちらが本来的な意味での建築家なのか、よくわからないね。

ルイス・カーンはどちらかといえば前川國男とは逆で、カーンが世間的な意味で花開いたのは

ぼくは若い時期に、ほんとうにすばらしい人たちに
たくさん出会うことができた。……その点、ぼくはすごく恵まれている。

五〇歳近くで、それまでは鳴かず飛ばずだった、という話を聞いたことがあります。文章も、なにを言っているのやら、さっぱりわからない。

ルイス・カーンの生きかたについて語るのは、なかなか難しいね。でも彼も、あきらめなかった人ではないかな。

カーンが著名になる前の仕事のひとつをフィラデルフィアで見たことがあるけど、凡庸でつまらない建物。悪くもないけどよくもない。

それが突然、なんでああいうふうに変貌したのか、これはいまだに歴史的な謎に近い。カーンの友達に構造哲学者みたいなエンジニアのロベール・ル・リコレ[*1]がいたとか、カーン本人も無類の音楽好きだったとか、ようするに思考の深さというのがきわめて卓越していたんだと思う。でも、その深い思考が、彼の目の前にある建築という対象となかなか結びつかなかったんだろうね。結びつかないから、言葉が難渋になって、わかりにくくなる。

それが、あるときぱっとつながった。四〇代の半ばくらいで。

あれは七不思議のひとつみたいなものだけど、カーンが建築にたいする自分の思考をどこかで一回でも切ってしまっていたら、そういうことは起こりえなかった。

最後はそこに行き着くんですね。とにかくやり続ける。やり通す。

＊1 ロベール・ル・リコレ（一八九四〜一九七七）アメリカで活躍したフランス人建築家・エンジニア。金属薄板を組み合わせた構造など、新しい構造技術の研究開発を行った。

カーンはものすごく粘着質の性格だった、という話もあるからね(笑)。

昨年までグッドデザイン賞[*2]の審査委員長を務めておられましたが、プロダクトデザイナーたちの才能は、建築家の才能とはやはりちがうと感じますか。ぼくの印象では、いまもてはやされている人たちの才能というのは、デザインそのものの力というよりは、社会に自分の存在をアピールして、プレゼンする能力。それが非常に長けているから、メディアで持ち上げられているように見えてしまうのですが。そういうありかたが建築家にも求められるのでしょうか。

そういうふうにやれれば、建築家として要領よく生きられるだろうとは思いますよ。若い子たちにもそういうやりかたを求める傾向がないわけではないしね。

ただ、建築や都市が向きあっているデザインと、プロダクト系のデザインは、同じものではないと思う。

たとえてみれば、デザインというのは生鮮食料品みたいなものでしょう。賞味期限がある。でも建築は賞味期限があると困るわけですよね。ぱっと消えてなくなるイベント会場みたいなものとはちがって、五〇年とか一〇〇年という時間のレンジに向きあっているのだから、それに沿ったデザインの質があってしかるべきだと思う。

ただ、デザインがほんとうに力を持った時代もあってね。

＊2　グッドデザイン賞
財団法人日本産業デザイン振興会が主催する、日本唯一の総合的デザイン評価・推奨制度。内藤廣は、二〇〇七〜〇九年度の審査委員長を務めた。

たとえばバウハウス[*1]のときは、あのデザインが社会を変えていった。第一次世界大戦の直後、帰還兵が山のようにいて世の中が荒れ放題のときに、すごくシンプルで安いプロダクトによって、社会に絶望した人たちに新しく豊かな生活ビジョンを提案した。デザインの役割として非常に重いし、普遍的なものだったと思う。

それから、亀倉雄策[*2]さんがデザインした、「ヒロシマ・アピールズ」というポスター。焼け落ちてくる蝶々が一面に広がっている強烈な絵で、それだけで生命と原爆について考えさせられる。歴史に残っていくような重いデザイン。

こういうのは普遍的だよね。

それから、このあいだグラフィックデザイナーの田中一光[*3]さんの回顧展があったので銀座で見ましたけど、おそるべきことに、ほとんど古くなっていないんですよね。六〇年代のデザインでも、いま目の前にもってきても先頭を走れる、そういう普遍性のようなものを備えている。

いまのプロダクト系のデザイナーたちは、まだその領域には至っていないと思う。社会的評価という意味での成功はしているかもしれないけれど。

ようするに、どこまで信念を持ってひとつひとつデザインしているかだね。

たとえば、自分のクリエーションが、ほんとうに自分の奥底にある本質的な部分の表出であるのなら、そう簡単に要領よくころころデザインを変えたりできないはずだよね。

＊1　バウハウス
一九一九年、建築家ワルター・グロピウスによりドイツのワイマールに設立された総合的なデザイン、建築、工芸技術教育機関。合理主義・機能主義を柱とした教育が行われ、建築のモダニズム運動に多大な影響を与えた。

＊2　亀倉雄策（一九一五〜一九九七）
グラフィックデザイナー。戦後日本のデザイン界で活躍した。代表作は東京オリンピック公式ポスター（一九六四）、NTTシンボルマーク（一九八五）など。一九八三年に制作した「ヒロシマ・アピールズ」はフィンランドの国際ポスタービエンナーレ展で一等を受賞した。

＊3　田中一光（一九三〇〜二〇〇二）
グラフィックデザイナー。日本の伝統的な色やかたちをモダン

自分の命や魂をささげるような、極限で勝負している人のデザインは、そうそう古くはならない。やはり、消えていくものと残っていくものが厳然としてある。消えていくものがほとんどだけどね。

グッドデザイン賞の審査委員長なんて、ほとんどが消えていくものをよいだの悪いだのと審査しているわけだから、むなしい気分もあるよね。

デザインとして表現した作品でとくに有名。代表作は無印良品トータルデザイン（一九八〇）、「Nihon Buyo」（一九八一）など。

六……個性

ぼくは内藤先生からたくさん影響を受けています。たとえば、一人の個人として世界に向きあうとき、ぼく自身が世界を見ているようでいて、これはほんとうにぼく自身の思考なのか、ぼく自身の言葉なのか、じつは内藤先生の考えではないのか、と悩んでしまいます。内藤先生ご自身も、吉阪先生とかイゲーラスとか菊竹先生から影響を受けて、自己が形成されていったわけですよね。

もちろん、ぼくもいろいろな人から影響を受けていますよ。

山口文象さんからは、建築家が社会とどう向きあうかということを教わったし、吉阪さんからは人間としてどう生きるかということを教わったし、菊竹さんからは建築とエンジニアリングの関係のありかたを教わったし、フェルナンドからは建築と芸術の接点のようなものを教わった。

これは、一生抜けないですよね。抜こうと思っても抜けない。身体化されている。ただし、ぼくはそのつどその人たちにたいして必死に向きあってきた。必死に向きあうと自分の一部になる。それは否定しようと思ってもできないし、否定する必要もない。だから、まったくべつのことをやろうと思う必要もない。運命みたいなもの。

それをどう生かそうか、とケースバイケースで考えていけば、次第に自分なりの考えかたとして固まってくると思うんだ。

そういう影響を否定しようと無理してやっている人って、あまりうまくいかないんですよね。ぼくの事務所のＯＢも、まあ若いから対抗意識もあって、内藤さんはこう言うけど自分だったらこうやるとか、いろいろと考えるんだろうね。それで自分が独立したら、まったくちがう方法でやる。それはそれでいいと思うんだけど、結局あまりうまくいかない。

ぼくは、もらったものを否定したことはない。それぞれからいいものをもらって、それを自分の与えられた状況のなかで生かす、ということしかやってこなかったと思うんですよ。

だから、あまり無理しないことだよ。

みんなそれぞれ自分なりの個性があって、それぞれ仕事とかプロジェクトとか外的な状況に向きあっている。そのとき、自分の個性がはっきりしていないときちんと向きあえない、と思いがちだけど、そうではない。

大事なのは、目の前の現実にそのつど必死に向きあうということ。そのときに、自分が人から受け取ったものがおのずから混ざりこんでくることを、否定する必要はないんじゃないかな。自分のものはそのうち見つかるよ。

とくに建築の仕事は長丁場なので、これは自分のものかもしれないと思えるものが見つかるのは四〇歳を過ぎたころかもしれない。

それでいいんじゃないかな。

それまではもしかしたら、ぼくと似たようなことをやるのかもしれないけれど、でもそのなかにはかならず、君自身が混ざりこんでいる。たとえばそれをぼくの目から見たら、君らしく見えるかもしれないし、ほかの人からは内藤とそっくりなことをやっていると見られるかもしれない。でも、そんなこと全然気にする必要はないよ。

そのうちに、これが自分だと君自身思えるものが、自然にできるようになってくるから。

個性がなければいけない、ということが、強迫観念のようにつきまとってしまいます。

自分の個性なんて、あとでわかるものだよね。手前でわかっている個性なんて、たいした個性じゃないよ。

よくわからないまま必死でやって、とにかくこれしかできない、ということをやり通して、その三年後とか五年後に、ああ、あれはこういうことだったんだ、と実感できるものこそが本物だ、と思う。

なにかに必死に向きあって結論を出したときというのは、そのときの自分を超えているはずなんですよ。ベストを尽くしたときというのは、どこかでジャンプしているから。

自分の能力の範囲内でものごとを収めようとすれば、投下するエネルギーもきわめて効率的ですむ。たとえばある仕事を、ぼくの能力の八〇パーセントくらいのイマジネーションで仕上げようと思えば、半分以下、あるいは四分の一くらいのエネルギーでできてしまう。だけど創造というのは常に、いまの自分を超えようとするということだから、ほんとうに超えた場合は、能力の一五〇パーセントくらいの自分に向きあっていたりする。その状況は、そのときの自分ではわからない。

そして、自分を超えた度合いが大きければ大きいほど、わかるのに年数がかかるものだよ。一一〇パーセントの創造であれば一年後にわかるとか、一五〇パーセントまでいくと一〇年たたないと説明がつかないとか。そのときの自分を大きく超えていればいるほど、わかるのに時間がかかる。

これまでにそういうプロジェクトがいくつかあって、やっている最中はともかくいやでしかたがない、という状態がけっこうある。どうしていやかというと、そのときの自分を超えているからだよね。だけど、そういうプロジェクトほど、何年かたつと、あのときの自分はこういう考えでやっていたんだな、ということがわかるようになる。

そこで出てきたものこそが、ほんとうの個性なんだよね。いまの能力を一〇〇パーセントだとすると、そこに積みあげられた一〇パーセントとか五〇パーセントというのが、その人にしか生みだせないアイデンティティなのだと思う。

その一〇パーセント、五〇パーセントというのは、そこに費やした努力のことですか。それと

自分の個性なんて、あとでわかるものだよね。

も投下した気持ちの量ですか。

それは両方だね。

投下した気持ちの量というのは推進力だよね。エネルギー。

でも、ただエネルギーを注げばいいというものでもない。モツ鍋食えば元気が出る、という話ではなくて、そのエネルギーを引きだす回路にどうやって自分をつなげられるか。

そこは、論理なんだよね。

論理、ですか。意外ですね。

論理がないとそうはならない。

論理がない創造はない。すくなくとも、建築においては。ものごとをきわめて精緻に論理的に考えていくと、論理のとおりにはなりきらないところがかならず出てくる。そこに、飛躍の可能性が生まれる。

だから、論理の骨格と精度が骨太できっちりしていればしているほど、既成の枠組みにはまりきらない飛躍というものが出てくるのだと思う。

そして、論理で組み上げていった最後の最後になにかを超えようとするときに、自分のありかたというものが問われる……。

尊敬するいけばな作家の中川幸夫[*1]さんがぼくについて書いた文章のなかで引用してくれた、たからもののように感じている言葉があります。

宮沢賢治[*2]の「詩は裸身にして理論の至り得ぬ境を探り来る。そのこと決死のわざなり」という言葉。これは、ぼくのやりたいことの本質をきわめて適確に言いあてた言葉だと思う。

詩というのは、いくらイマジネーションが飛翔しても、完全に言葉の修辞をはずれてしまうと理解不可能になりますよね。だから、イマジネーションを言葉に託すには、言語として作用しうるぎりぎりの境界を歩き続けなければならない。

それは俳句でもなんでもそうだよね。理解できなければ共有されないわけだから。だから、理解できるぎりぎりの境界、いわば崖っぷちを歩く。それは決死のわざなり、と賢治は言っているわけです。

あらゆる詩も文学も、言語というストラクチャーのなかにある。そのストラクチャーを意識して強固に組み立てる。逆にそのこと自体が、それを超える価値をイメージすることを可能にする。

それは詩や文学にかぎらず、建築や、もしかすると都市や景観も同じかもしれない。

＊1　中川幸夫（一九一八〜）華道家、芸術家。流派に属さず一作家としての姿勢を貫く。代表作は「花坊主」（一九七三）、「魔の山」（一九八九）など。

＊2　宮沢賢治（一八九六〜一九三三）詩人、児童文学者、農業指導家。農学校の教師として農村子弟の教育にあたりながら多くの詩や童話を創作した。代表作は『春と修羅』（一九二四）、『銀河鉄道の夜』（一九三四）など。

境界線の内側でやっていれば危険はないけれど、自分だけのものは生まれない。境界線の外側に行き過ぎると、だれにも理解してもらえない。そのぎりぎりをいくからこそ、緊張感やダイナミズムが生まれて、新しいものを生みだす可能性がある、ということですよね。でも、そのぎりぎりの線がわかるというのは、自然な嗅覚ですか、それとも才能ですか。

傲慢な言いかたかもしれないけれど、最後は才能なのかもしれないね。

たとえば、いま話をした中川幸夫さんなんて、天才としか思えないようなイマジネーションの持ち主。あれはまねできないよ。華道の五〇〇年の歴史をほとんど全部知りつくしたうえで、だれもやったことのないことをやる。その境地に達しているのは、才能としか言いようがない。

あるいは、写真なんてだれでもできるメディアのように思われるけど、石元泰博[*1]さんの写真はまったく別物ですよ。撮影を頼むと、石元さんは切ってもいいよ、とネガを渡してくれる。切ってもいい、というのは、編集の都合でトリミングしてもいい、ということ。でも、一ミリも切れない。パーフェクトなんですよね。

そういう才能というのは、やっぱりあるのかもしれないとは思うけど、そう思ってしまうと日々努力するかいがなくなるので、思わないようにしている。才能なんて、自分で考えることではなくて神様がくれるようなものなので。

＊1　石元泰博（一九二一〜）写真家。シカゴのニュー・バウハウスで写真を学ぶ。構成的な視点で多くの建築物を撮影。代表作は『KATSURA 日本における伝統と創造』（一九六〇）、『シカゴ、シカゴ』（一九六九）など。

だから、ぼくは自分に才能があるかどうかなんてわからないし、考えない。あるかもしれないし、ないかもしれない。そうとしか言えない。

それは、みんなも同じだよね。

七……時代の評価

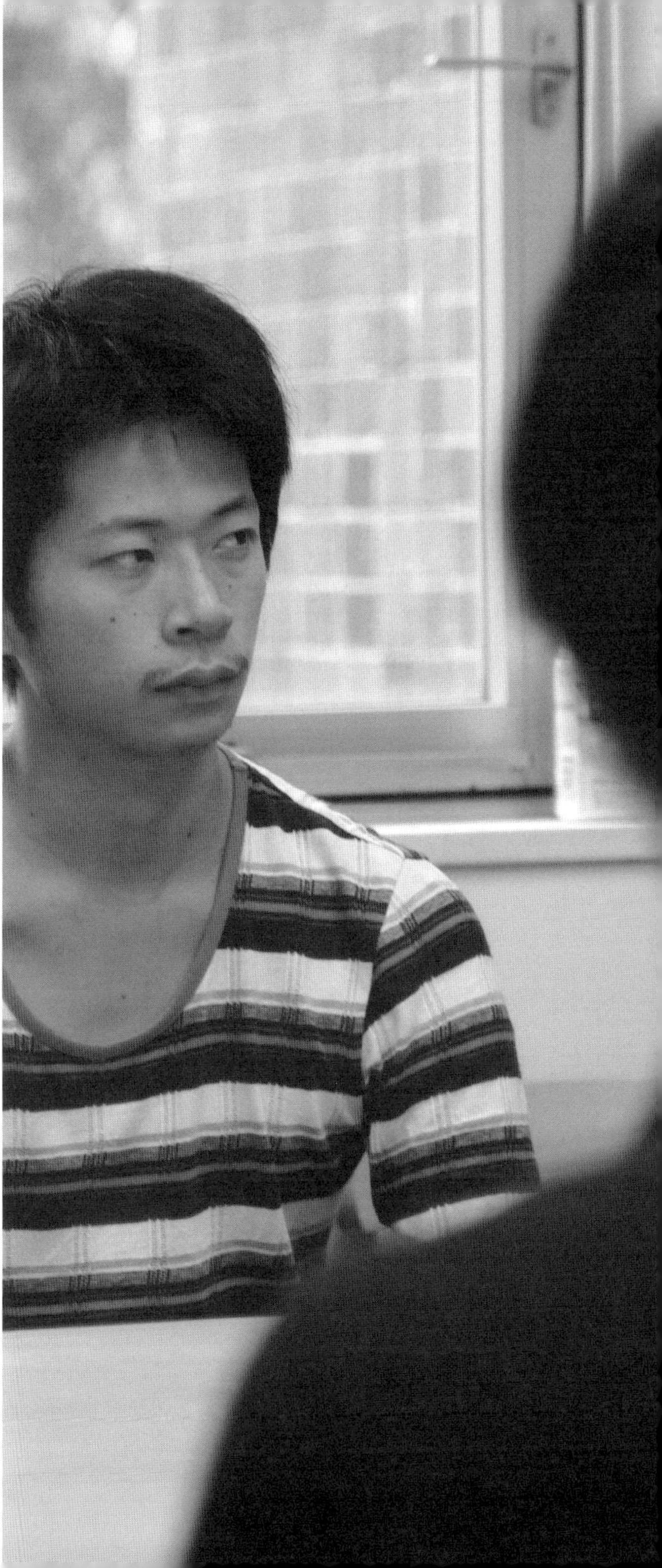

この前内藤先生は、才能というのはあるなしの問題ではなくて、もともとそれぞれの人になにかしら能力があって、それをうまく活用できているかどうかだ、その結果社会から評価を受ければそれが才能と呼ばれるんだ、とおっしゃっていましたが……。

同じことを続けていると、時代のほうが合ってくることがある。ただ、そんなとき、評価されたことをよしとするか、というのは微妙なところだね。つまり、理解されたということは、それだけ進んでいなかった、時代に追いつかれてしまった、ということでもあるのだから。この辺りは微妙なところだね。

ぼくより一〇歳くらい年上の前衛陶芸家で、柳原睦夫[*1]という人がいる。ものすごくおもしろい人でね、一分間に一回は人を笑わせないと気がすまない。ピンクの長靴みたいな壺に、金色の斑点がついている、そういう陶芸をやる人で、とても有名な作家です。

二〇年くらい前、その柳原さんと名古屋からの新幹線で偶然一緒になった。そのとき、この人どうしちゃったんだろう、と思うくらい深刻な顔で悩んでいた。聞くと、それまで展覧会をいくらやっても作品がひとつも売れなかった。それはそれでよしとしていた。それだけ自分が時代の先を行っている証拠だと思っていた。ところが、このあいだの展覧会ではなんと即日完売してしまった。それが彼の深刻な悩みだったんですね。

よかったじゃないですか、ようやく理解されたということですよね、そう言ったら、そ

＊1　柳原睦夫（一九三四～）陶芸家。大阪芸術大学名誉教授。二〇〇二年度日本陶磁協会賞金賞受賞。

れが問題なんだ、と言うわけ。つまり、評価されたり理解されることは嬉しいけれども、その時点ですでに時代に先を越されているとも考えられる、と。

そう考えれば、ぼくが学生のころに課題で設計して評価されたものだって、もしかすると当時ぼくより三〇歳も四〇歳も年長のおじさんたちが理解可能な範疇にすぎなかった、彼らに理解される範囲のことしかできていなかった、とも考えられる。

だから、評価というのは難しい。

たとえば海の博物館、あれは社会的にとても評価されて、いくつも賞をもらった。でもそのときに、事務所の所員たちには、時代はすぐに追い越していく、と言った。べつに時代を追いかけるつもりは毛頭ないし、ぼくはぼくが考えていることを続けていくだけだけど、時代はすでに海の博物館を追い越している。だから、慌てず騒がずこのまま走って一周遅れ、というのが次の目標、という話をした。

結局、ぼくが大学のころに評価されたのも、海の博物館が評価されたのも、それだけのことしかできていなかった、と言うこともできるよね。

だから、人の評価は気にしない。

もちろん人間である以上多少は気になるけど、評価なんてしょせん他人がやることでもあるし、自分から望んではいけないことだと思うようにしている。

いまの、時代に先んじているとか追い越されているというのは、いわゆるマスによる評価の話だと思うんです。でも同時に建築は、どうしてもクライアントからの評価と無縁ではないですよね。

クライアントにも二種類あるよね。公共建築の場合と、個人が家を建てるような場合とでは、意味がまったくちがってくる。つまり、相手の顔がはっきり見えない場合と見えている場合と。

公共建築の場合は市長や知事がクライアントだ、と言われることがあるけど、そんなことはない。彼らは、過ぎ去る人だから。だからほんとうの意味でのクライアントは、一般市民というか、普通の人たちなんだけど、これが雲のようなよくわからない存在。

強いて言えば、たとえば博物館や図書館のような公共建築なら、入館者の数は一般の人たちの評価を反映している。その数だけが頼りかもしれないね。

だから、入館者が多いかどうかはいつも気にしている。もちろん、建築設計の功績ではなくて、コンテンツのおかげなのかもしれない。でも、コンテンツがよくても建築設計がそのよさを阻害していれば入館者は減るはずだから、そういう意味で、入館者が多いというのは、総体として好ましいことだと思っている。

自慢話になるけど、どういうわけか、ぼくが設計した建物は入館者が多い。おそらく、ぼくがこれまで設計してきた博物館や美術館は、トータルで年二〇〇万人以上は入っているはず。

一方住宅のような場合は、住んでいる人にとってどうかという話があるよね。ただこれも、けっこう成功率は高いと思う。いやいや住んでいる人はいないみたいだね。喜んでいる施主の顔を見られれば、やはり嬉しいですよね。

たとえば建築学会賞だのなんとか賞というのは、一般大衆の投票で決まるわけではない。ある閉じた業界のなかの、かぎられた人たちが決めているだけですよね。

そんなことよりも、一般の人に評価されることのほうが本質的な問題だとぼくは思うのだけれど。

それでは、内藤先生が時代に先んじているとか追い越される、というときの時代というのは、建築業界の一般的な趨勢のことですか。

建築業界なんて、いずれは壊れるだろう?

だから、ほんとうはそこで評価されてもいやな気はしないけど、本音を言えばたいして嬉しくもない。メデジンの図書館や日向のまちづくりを経験してからは、とくにそう思うようになった。

ただ、ぼくが抱えている矛盾は、さりとて彼らが主催するコンペには勝たなければいけないとか、業界でそれなりに評価されないと仕事が発生しない、ということ。この矛盾を克服するのがいちばん苦痛だね。

入り口では理解される必要があるけど、出口では理解されている以上のものを実現する、この方法でしか矛盾を超えられない。

自分にたいする要求レベルを落として、一般に理解されやすい建築言語で提案をしたり、コンペに応募すれば、仕事を得る確率は数段上がると思うけど、それをやったらおしまい。そこまでわかったうえで、自分のほんとうにクリエイティブな部分を常に中心に据え続けるということがもっとも難しいし、目下苦しいところでもある。

本質論ばかりやっていると、仕事がなくなっちゃうしね(笑)。

クリエイティブな部分を中心に据える、というのは……?

設計の仕事も大学の仕事も、自分の考えている範囲の八割程度でことを収めようとすれば、すごく楽なんですよ。労力としてはおそらく半分か三分の一くらいで建物を設計できるし、いろいろなことに対応できる。そしてなにより、その結果生じる表現上の効果も予測できる。

たとえば、ぼくがいままでに獲得した知識や経験がある円のなかに収まっているとすると、この円のなかに生じていることは一〇〇パーセント理解できるから、楽ですよね。だから、この自分の円にとじこもって仕事を進めれば、とても効率がいい。

でもこの円の枠をすこしでも超えると、わからないことが出てくるわけだよね。そのわからないところをどうするかというときに、クリエイティビティがもっとも発揮される。

思考の自由さも求められますね。

そのとおりだけど、円をはみださねばならないという不自由も抱えることになるけどね。ともかく、この円をすこしはみだすだけで、ものすごく効率が悪くなる。たとえば一週間でできるプロジェクトが、難易度が数段上がって、半年も費やすことになる。

それでも常に自分の円からはみでることを、自分自身に課し続けられるかが、クリエイティブに生きられるかどうかの分かれ目だと思う。

ポストモダンの時代には、建築界ではもてはやされても一般の人から見るとなにこれ、という建物がけっこうあったと思うんですね。内藤先生は、当時すごくもてはやされて社会現象みた

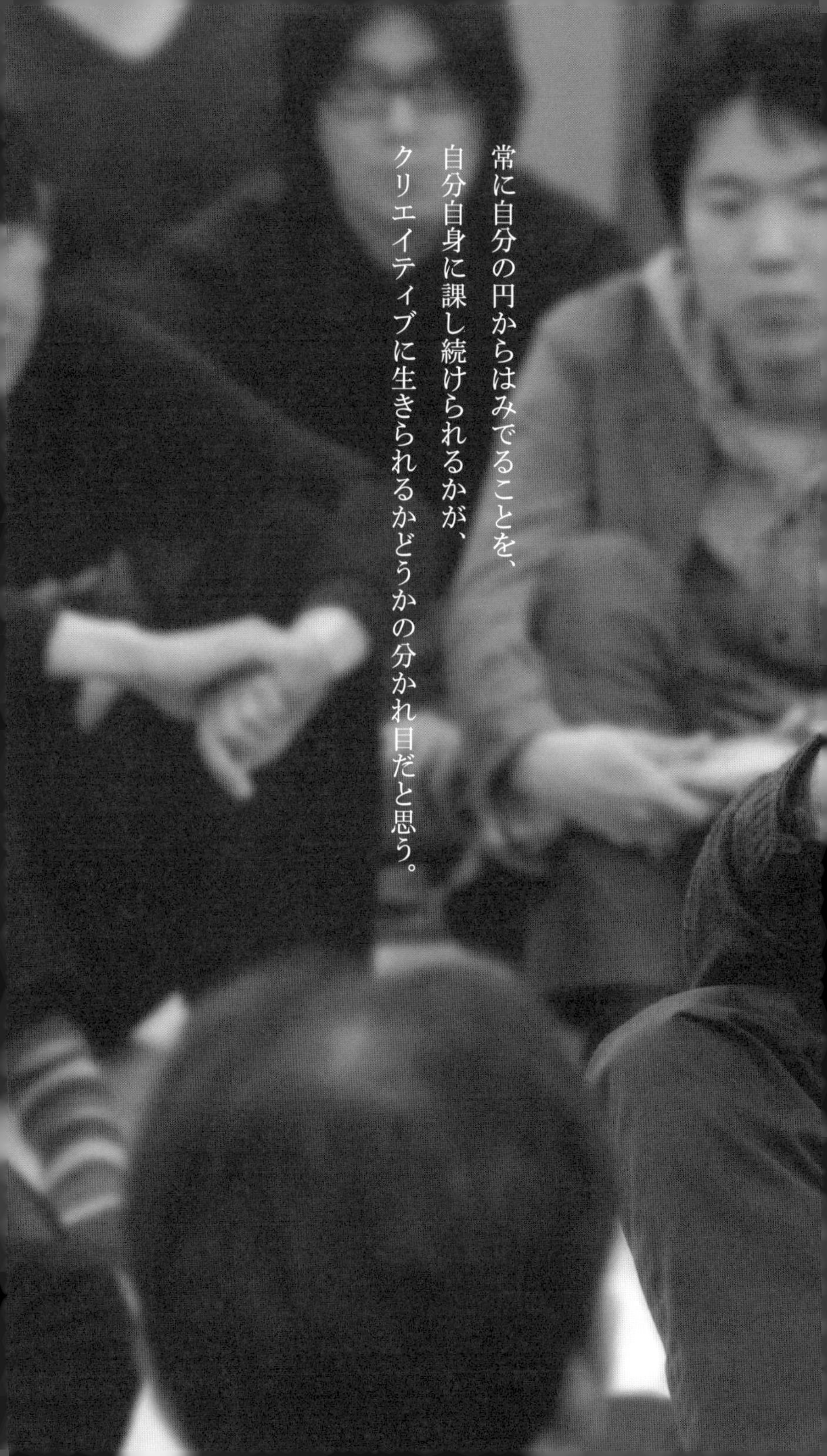

常に自分の円からはみでることを、
自分自身に課し続けられるかが、
クリエイティブに生きられるかどうかの分かれ目だと思う。

いになったポストモダンには振り向かなかったわけですよね。

理解はできたけれど、まったくなじめなかったね。

世の中というのはおもしろいね。完全にその流れの外にいて海の博物館をやっていたわけだけど、海の博物館の完成が一年前でも一年後でも評価されていなかった、とぼくは思っている。ちょうどバブルがはじけて、みんな魔法が解けたような状態だった。一年早かったら、あんなつくりかた、だれも理解できない。

ところがこの国の恐ろしいところは、時代の波が変わると、みんな「あっちだ」となること。一年遅くできていたら、もうみんなが同じことをはじめているから、あれほど評価されなかっただろうね。ましてや、あんな地方の片隅にある博物館、だれも振り向いてもくれなかったんじゃないかな。

こういうのは結果であって、たまたまその時代にいきあうかどうかだから。つくる側は、自分が信じることをひたすらやるしかない、というのが実感だね。

だから、時代にいきあわない場合もある。そのときはつらいけどね。

益田の仕事は、ぼくはとても重要な仕事をしたと思うし、街の人たちや一部の専門家の評価はとても高いけれど、時代からは黙殺されている。もしかするとあれは、五〇年くらいたたないと評価されないのかもしれない、とも思う。

でもそんなこととは関係なく、あのときのぼくは、益田の仕事に一二〇パーセントか一五〇パーセントのエネルギーを投下している。そうとしか言いようがないよね。

評価されることを目標にものごとを進めると、結果として生まれるものがすごく歪む。君たちにも、できるだけそうしないほうがいい、と言いたいね。

結果を出していなくとも潜在的に才能がある人はいるのかもしれませんが、やはりだれかに評価されてはじめて、才能があると認められるわけですよね。だから、他人の評価を求めるのは健全な気持ちではないか、とも思うのですが。

それは、評価する側の人間の顔を見て考えたほうがいい(笑)。

たとえば、大人が若者たちを評価するとして、その評価を与える側の彼らがどれだけ立派に生きているのか、という話もある。それから建築学会賞[*1]にしろ土木学会デザイン賞[*2]にしろ、そもそも人が人を評価するというのは非常にあいまいな話だということを頭に入れておいたほうがいい。

けっして絶対的評価ではないよ。あくまでも判断基準が不明確な相対的な評価でしかない。もしかすると評価する側が評価されている可能性だってある。

評価する側の品性と見識次第で、結果はどのようにも変わるしね。

＊1　日本建築学会賞
日本建築学会によって、日本国内における建築・建設分野で功績をあげた個人や団体を称え授与される賞。論文賞、作品賞、技術賞、業績賞などからなる。

＊2　土木学会デザイン賞
土木学会景観・デザイン委員会によって、優れた風景を生みだした土木デザインやまちづくり、空間デザインにたいして授与される賞。二〇〇一年に創設。

内藤先生が評価する側にまわるときには、なにを決め手にして判断しているのですか。

勘、としか言いようがない。

もちろん賞を出すときには、いろいろ理由を述べるけど、最後にはぼくがいいと思うからいいんだ、と居直るケースも多いんですよ。

だって、人間が人間を評価するんだから、理屈に還元しきれるわけがないからね。完全に論理的に評価ができるのなら、審査委員なんていらない。だれだって審査できるということになる。人間に審査を頼むんだから、人間が判断する。それだけのことだよ。

もちろんさまざまなケースがある。社会の要請とすばらしくシンクロしている場合もあれば、イノベイティブなことに挑戦する姿勢がいい場合もある。時代を先取りしていて、一〇年後にほんとうの意味でその価値が開くかもしれない、そういう場合もある。

ただ結局、そのつど勘でやってくしかないんだね。そうしないと、既存の価値観のなかでしか評価できないことになってしまうから。

だから、その場の個別的な評価をいちいち気にしてはいけない……?

そう。そのとおり。

「幸福という扉は外開きにできている」というキルケゴール[*1]の言葉がある。つまり、外側から全力で押し開けようと思っても開かない。キルケゴールも、きっと悩んでいたんだね。才能という扉も、外開きにできているんじゃないかな。必死になって扉を押し開けようと思っても、決して開かない。無理矢理開けようとしてもだめで、自分の道を必死で探しながらあがいて進んでいるうちに、自然と開くものだと思う。

だから、自分に才能や能力があるかどうか、だれに評価してもらえるか、ということにこだわりすぎないで、いまをきちんと生きることが、才能の扉を開けるいちばんの近道だと思うよ。

＊1　セーレン・キルケゴール（一八一三〜一八五五）デンマークの思想家。主観主義・個人主義を提唱。のちの実存主義哲学などに大きな影響を与えた。代表作は『あれか、これか』（一八四三）、『死に至る病』（一八四九）など。

八……文章を書くこと

内藤先生が文章を書くとき、信条のようなものがありますか。

考えてもいないことを書くことだけはやめようと思っている。自分の頭できちんと考えたことを文字にする。これだけはずっと守っていますね。

じつは、そうでない時期もあった。三〇代に書いたもののなかには、もう恥ずかしくて読めないような、ずいぶん背伸びした文章もある。

でも、どこかであきらめたんだね。背伸びをするのはやめよう、等身大でいこう、と自分に言い聞かせて。

じつは、考えてもいないことを書かない、借りものの考えを書かない、というのは吉阪先生に言われたことでね。

ぼくは大学時代、文章を書くのがものすごく速かったんですよ。一日原稿三〇、四〇枚はまったく苦にならなかった。いま思うと、まったくわけのわからない文章だけどね。あるとき吉阪先生にそれを見られて「君、自分で思ってもいないことを書くな」と、まさにひとこと。このワンフレーズが、ぼくの人生の縛りになっちゃった。すべて見透かされていた、ということですね。

いまのぼくの文章で欠けているものがあるとすれば、筋が通ったように書くことかな。その点、中途半端かもしれない。

『金沢』を書いた吉田健一[*1]の文章のように、わけがわからないけれどなにかが頭の中に残る、という文章のありかたもあるからね。

背伸びをやめようと思ったのが三〇代だった、というのはなにか理由が？

ぼくは、もともと文章を書くのは好きなほうではない。なにか拷問みたいに思っていた。いまでもそれほど好きではないけどね。

三〇代というのはね、まだ自意識が過剰にあって、しかも建築家として立っていかなければいけないという、ある種の矛盾を抱える。つまり、建築家なんて世間が勝手に決めたイメージなんだけど、その建築家を名乗って仕事をする以上は、私はこういう考えかたでこういうふうにつくります、ということを、嘘でも言わなければいけない時期がある。

そうすると、それに向けて背伸びをするんだね。ようするに、他者から私がどう見えるか、ということをいつも考えるようになってしまう。

それはあまり美しいことではない、冷や飯を食うかもしれないけれどしかたがない、と思ってそういうのをやめたのが、三〇代の半ばくらいかな。

たとえば、他人からどう見られるかということをすべて了解したうえで、非常に巧みに、的確にデザイン言語を仕立てる建築家もいるけど、あれはあれでひとつの才能だと思う。

＊1　吉田健一（一九一二～一九七七）　翻訳家、評論家、作家。特徴的な句読点の配置など、独特の文体で知られる。代表作は『ヨオロッパの世紀末』（一九七〇）、『金沢』（一九七三）、『時間』（一九七六）など。

あるいは、世の中からどう見られたいかというイメージに沿ってうまくパフォーマンスをして、自分がよく見える状況をつくりだす建築家もいる。これもまあ、いいわけですよ。心のなかでほんとうになにを考えているのかは、よくわからないけどね。

でも、ぼくにはそういうことができない。しょせん不器用な男なんだから、そういうことはやめようと思ったのが、三〇代の半ば。

そもそも内藤先生は、なぜ自分の建築について語るんですか。たとえば、ぼくは音楽が好きですが、音楽家が自分の音楽について語るのがすごくいやで。音楽を聴いて感じてもらえればそれでいいじゃないか、と思うんです。

これは建築界のあしき慣習だね。建物をつくって、原稿書いて自己言及をする。どう考えたって不自然、おかしいよね。

ぼくも建築家としてやっていく以上は、しかたがないと思って書いていた。いやですよ、書くの。いやだけど、書かないとわかってもらえない、あるいは興味を持ってもらえないかもしれない、と思う気持ちもある。

建物はみずから一人ひとりのところに歩いていくわけにいかないでしょう。そうすると、自分はこう考えて設計しましたということぐらい書かないと、たとえば三重県やら島根県のあんな遠いところに半日もかけてだれが行ってくれるか。行かないですよね。

ぼくが建物に託したほんとうに大事なメッセージというのは、雑誌に載る写真では半分も伝わらない。どんなにうまく撮られていても。

だから、興味を持ってもらうため、理解してもらうために文章を書きますけど、そのこと自体にはほとんど意味がないと思っている。ものづくりなんだから、ほんとうのメッセージはつくったものにしか託していない、という気分が強いね。


でも内藤先生は、自分の作品についてだけではなくて、建築全般に言及する本をたくさん書いています。


だっていまの建築は、あきらかにおかしいからね。

建築という価値を、一〇〇年くらい建築家が囲いこんできていて、それを当然だと思っている。建築学科を卒業して、建築家になって、メディアで有名になって、そういう人たちの集団が囲いこんでいるとしか思えないんだよね。ほんとうは、もっとあらゆる人に開かれているべきものなのに。

ようするに、建築という思考や建築という価値を開きたい。そのことを伝えたいためにいろいろ書いている、という気持ちかな。

建築にかぎらず、土木であれ都市であれ、あらゆる分野が、自分たちがやっていることを囲いこむものだと思います。どうして内藤先生はそれを開こう、価値を共有する場をつくっていこうと思うのですか。

価値を共有することに興味があるのではなくて、新しい価値はそうしないと生まれないんじゃないか、と思っているから。

つまり閉じた社会のなかで自己言及をして、これでいいよね、みたいな暗黙の了解があって、どんどん狭い領域にこもっていって、そこから抜けだすために、しかたがないからスターアーキテクトを捏造する。これは末期的症状だよね。

ほんとうの意味での二一世紀の新しい価値が生まれるためには、まったくちがうパラダイムや枠組み、そういうものが生まれるべきなんじゃないかな。そして生まれるとしたら、それは普通に暮らしている人と共有できるなにか、いわば大地のようなものからしか生まれないようなもの。そんな気がする。

たとえば、建築学会とか建築家協会とか、それから『新建築』とか『日経アーキテクチュア』[*1]というメディアがありますね。たしかに、彼らはこれまで、たくさんのことを生みだし、多くのことをなし遂げてきた。だけど、真に新しいものは、これらの外から生まれ

＊1　『日経アーキテクチュア』日経BP社が発行する隔週刊の建築専門誌。

るのだと思う。価値を開こうとするのは、そのためだよね。
だから書き続けている、という気持ちがありますね。

九……自由な思考

GEOSPATIAL ANALYSIS
GEOSPATIAL ANALYSIS
岩波
哲学思想事典
DICTIONARY
研究社
新英和大辞典

内藤先生の設計スタジオでは、エスキスのときに、いまの建築教育はまちがっている、とよくおっしゃっていました。

ぼくは口が悪いからね(笑)。黙ってられないんだね。若者がかわいそうだから。

大学でも講演会でも、建築学科の先生がたくさんいる場所だとついつい言ってしまうのが、いまの大学の建築教育は芸能人養成コースみたいだってこと。ジャニーズ事務所の予備軍みたいな感じ。

ようするに、どうやったら成功するか、ということばかり教えている。それは建築の本質ではないと思う。

本質は、人間というものをどう考えるのか、それから人間の生活を支えるための「工学」をどう理解するのか、ということだよね。ただ、全部を一度に勉強するのは無理だから、いちばん重要な、人間というものをどう考えるかが課題の中心にあってしかるべきだと思うんだけど、そうなっていない。

学生の案でなにか変わったものが出てくると、みんなすぐに喜んでしまう。それを才能と称して、ランク付けをして、たくさんの学生をあきらめさせていくというやりかたが、好きではないだけです。

足の速いやつもいれば、遅いやつもいる。だけど最終的に、どちらが遠くまで行けるかはわからない。足の速いやつだけを評価する価値基準は、おかしいと思う。

内藤先生の学生のころもそうだったのですか。

本質的には変わっていない。

むしろ、いまはもっと保守化している気がする。

ぼくが学生のころは、ようやくモダニティが勝利を収めかけた時代で、それは上昇経済とセットになっていて、時代の構図というものがわかりやすかった。いまはもっとたちの悪い、見えない仕組みになっている。

だから、みんな前衛的なことをやっているつもりになっているけど、冷静に見るとじつは気づかないうちにものすごく保守的になっている。つまり、本質をどこかに置き忘れて一様に形式化している。

卒業設計や修士設計の審査委員をやることがあるけど、一〇〇も二〇〇も見ていると、一人ひとりはすごくちがうことをやっているつもりなんだろうけど、発想が全部せまいところに収まっている感じだね。

だから建築学科でスタジオを引き受けるときは、学生の発想をもっと自由にしてやりたい、とまず考える。

つまり、意匠だとか構造だとか歴史だとか、いろいろ教わってきて、かたくるしいステレオタイプをたたきこまれて、そういうなかでもがいている学生諸君をできるだけ自由にしてやろう、というのがぼくのスタジオの趣旨で、それ以外のことはあまり考えなかった。

内藤先生が学生のころは、自由を縛っている制度や空間の形式が比較的見えやすくて、それにたいして若者が反抗する。いまは逆に、みんな自由ですよ、と言われてますね。君たちも一人の人間として、自由に考え自由に行動しなさい、と。自由に自分の意思を決められない人間は真の個人ではない。表面上はこういうことになっていますけど、じつはぼくたちの生きかたを縛っているものは昔より複雑で用意周到になっていて……。

たちが悪い。

それが、内藤先生がおっしゃった、いまのほうが保守的だ、ということの意味ですよね。こういう状況で、ぼくたちはどうすれば自由になれるのでしょうか。

建築の世界であれば、自由へのすべは、エンジニアリングにあると思っている。たとえばコンクリートや木、これは「事実」だからね。事実をベースにそれを突きつめて思考していけば、かならず目に見えない網の目を突破できるはずだと思っている。

たとえばコンクリートのラーメン構造[*1]だと七、八メートルスパンで柱を描いて、梁背が九〇センチくらい、二〇平方メートルを目安に小梁をひとつ入れましょう、こういうのはわかりやすいステレオタイプ的な建築の教えかたですよね。

しかしそもそも、コンクリートというのは力を支えるもので、それが本質でしょう。力の流れがどうなっているか、ということを突きつめていけば、エンジニアリングの本質論にたどりつく。

そんなコンクリートの内部で起きていることなんて有限要素法[*2]で解けばいい、というスタンスもあるかもしれないけれど、それも結局、有限要素法というひとつの思考の枠組みのなかにとらわれているにすぎない。

つまり、形式論の手前から考えていくことが大事だと思う。だけどいまの教育は、形式論が先にありきで、その根本にある本質は見なくていい、と言っているようなものだよね。

構造にかぎらない。空気環境や地球環境の問題もそうかもしれない。さらにいえば、言語まで戻るべき、という話かもしれない。言語までさかのぼらないと真に自由にはなれない、とぼくは思っているから。

そういうふうに本質に立ち戻って考えるやりかたもある、ということがわかってくれれば、目に見えない檻のようなものを破る手段はいくらでもある。若者は突破力だけはあるから。

＊1　ラーメン構造
柱と梁を剛結して、接合部の角度を固定させる構造のこと。近代建築における一般的な構造形式のひとつ。ラーメンとはドイツ語で額縁の意。

＊2　有限要素法
数値解析手法のひとつ。複雑な構造や性質を持つものを、単純な要素の集まりと考えて近似的に計算する手法。

本質に立ち戻って考えるやりかたもある、ということが
わかってくれれば、目に見えない檻のようなものを
破る手段はいくらでもある。若者は突破力だけはあるから。

だからぼくのスタジオでは、建築を成り立たせている本質的なところ、エンジニアリングの部分をすこし伝えて、あとは自分で檻を抜けてみたら、というメッセージを送っているだけ。

土木の設計演習でやっていることも同じ。紙でつくって、壊して。ものから体験し、考えることによって、いわゆる既成の力学体系の手前にある直観的なものを育てる。

普通は、既成の構造の常識とか定型的なビルディングタイプとか、どこかでつくられた枠組みに則って教えられる。でも、目の前にある事実として、この物体がいかにして成り立っているのか、これだけはだれかが恣意的に決めたものではなく、ぼくたちの世界を構築している本質の現れである。その本質に立ち戻れば、だれかがつくった制度や形式から抜け出す思考の自由を手にすることができる。こういう理解でいいですか。

いいと思う。

言語でいうと、「建築」という言葉はあきらかにおかしい、とぼくはずっと言っている。建築とはもともとなにか、というところから考えるべきで、それを考え直そうとすると、明治期にその言葉がつくられたところまでさかのぼらなければいけない。

このたぐいのことが、山ほどあるわけだよね。

そういう思考を手にすると、いまの枠組みをつくってきたもの全体が見えてくる。なんでみんなそういう檻を自分でつくってたてこもっているのか、ということがおぼろげながらわかってくる。

そういう思考こそ、自由を獲得するために大事なことだと思う。

一〇……ものづくりのこころ

建築家にも、旅立ちの風景が格好いい空間をつくる「いってらっしゃい系」と、帰ってきたときの情景が想像できる空間をつくる「おかえりなさい系」の人の二種類いると思います。内藤先生はあきらかに後者のような気がするのですが。

「いってらっしゃい系」と「おかえりなさい系」かぁ。おまえ、そんなこと表立って言うと、建築界から二〇年は干されるよ(笑)。

ぼくを「おかえりなさい系」と言ってくれたのは名誉なことだと思う。うん……これ、意外に本質をついているかもしれないね。

帰ってくる場所を設計するためには、その場所にたいする理解が深くなければいけないよね。つまり、日向なら日向という町の持っている性格だとか、日向に住んでいる人の考えかたのくせやキャラクターだとか、ようするにある広がりとしての地域にたいする認識がないと、設計できないよね。帰ってくる場所なんだから。

「いってらっしゃい系」の場合は考える必要はないよね、旅立つんだから。むしろ、旅立つ先にたいしてのイメージがあればいいのであって、足もとの認識がそれほど深くなくても成立すると思う。

ぼくは地域の広がりというものを捨てきれないので、「おかえりなさい系」になるんじゃないですか。晩ご飯用意してます、みたいな(笑)。

ギャラリーTOMだけは印象がちがいますね。

失敗作だからね(笑)。

TOMのように造形的につくっていくやりかたは、あのときに捨てた。三二歳で。ああいうつくりかたは、心のどこかでまだ生きてはいるけど、そこから建築をつくるということはやめたんですよ。あまりに悲惨だったので。

だからTOM以降、地面に近いところというか、生きている人間に近いところで設計をするというスタンスになりましたね。造形的なものとか、見えやすい価値に関して、ある種の嫌悪感があるのかもしれないね。

それは、造形的なもの以外に、内藤先生自身が拠って立つ変わらないなにかを持っている、ということですか。

基本的には空間、スペースなんですよ。そこに漂っている空気。

それが、ぼくが実現したいテーマ。

たぶん、「いってらっしゃい系」の人は、そこに漂うであろう空気ってあまり考えないと思うんですよ。ぼくはいつも、求める空間がまずあって、それからそれを構成している壁や柱がどうあるか、天井がどうあるか、床がどうあるか、というふうに考えている。

つまり、どういう空間の質を得るかということに強い関心があるから、壁とか床とか天井は単なる手段であって、一〇〇通りも二〇〇通りも方法がありうる、と考える。ときには、建物の外観なんか捨てちゃう場合もある。

でも、ぼくがやっている方法はあまりおすすめできないね。とてもたいへんだからね。目に見える姿かたちをつくるより、見えないものをつくろうとすることのほうが数段難しい。

数倍は手間がかかるし、精神力もいる。三次元の空間のある一点の質を建築という表現手段によって実現するためには、平面、立面、断面、矩計、設備、構造、あらゆることを頭のなかで結びあわせなければならない。つまりあらゆる要素が、この空間の一点の質を実現するという目的のために、協調しなければいけない。

だけど、単に姿かたちをつくるのであれば、そこまでやる必要はない。構造とか設備とか、そういうものを手順よくまとめていけばこと足りる。

だからいつも思うんですよ。たいへんだなあ、と。

それから、ぼくのつくるものを見て、一貫性がない、と言う人もいる。それは、実現するための手段がいくつもあるから一貫していないように見えるだけであって、いくつか体験してもらえばわかると思うけど、空間の質はさしてちがわないはず。

たとえば十日町情報館、牧野、益田、あるいは住宅も、実現されている空気のようなものはいつも同じだと思っている。かたちはまったくちがうけどね。

それが、君から「おかえりなさい系」と言われる理由かな。


そういう空気の質は、三〇代のころから変質していますか。

変わらないな。

最初から明確に見えているものなんですか？


うーん、明確には見えてないね。

求める空気の質にたいする気分というのは、ぼくが持っている体質みたいなものだよね。

たぶんそれは、みんなも同じだと思う。みんなも、実現したい空気というものをそれぞれ持っているはず。

だから、ほんとうの意味でのオリジナリティというのは、そこにあるのではないかと思う。それぞれ原体験がちがうからね。

そういうものが現れるかどうか。現れたなら、それはまぎれもないアイデンティティですよ。

ところで内藤先生は、そこまでたいへんな思いをしてまで、だれのために設計をしているのですか？　設計を仕事と割り切ればクライアントのためなのでしょうけど、やはり最後は自分のため……？

クライアントに喜んでもらいたい、という気持ちは常にあるけど……ものによるね。でも、ほめてもらいたい人は一人かな、いつも。

奥さま？

とは、かぎらない(笑)。
架空の女性の場合もあるし、クライアント当人である場合もあるし、いろいろですよ。

そうやって思い描く相手は、いつも特定の一人なのですか。

そうだね、大多数ってことはないね。

たとえば益田をやったときは、あとから考えてみると、たぶん母親ですね。

ぼくは子供のころ、母親に連れられて月一回とか二回とか、音楽会を聴かされていた。母親がピアノの教師だったからね。神奈川県の県立音楽堂[*1]とか上野の東京文化会館[*2]にずいぶん通いました。だから、音についてはわりと敏感なほうだと思う。Ｎ響（ＮＨＫ交響楽団）の定期演奏会も欠かさず聴いたし、当時来日した世界的なピアニストのコンサートもほとんど聴いている。

だから、音楽というのはぼくにとってものすごく大事で、公共の建物をそこそこ手がけるようになってからも、いつかコンサートホールを設計したいと思っていた。

その気持ちをずっとたどっていってみると、もし設計できるなら母親に喜んでもらいたい、という気持ちがあったと思うね、たぶん。うまく説明できないんだけど。

もちろん設計するときに、演奏の空間がもたらす音の質にたいするこだわりというのもあるけれど、もっと自分の深いところを探ると、母親という人物が浮かんできて、ほめてもらいたい、喜んでもらいたいという気持ちがあったような気がする。


設計するときにお母さまを想定していても、完成したあとには多くの人の手に渡っていきますよね。それでも、設計しているときの気持ちというのは、そのまま強く残るものですか。

＊1　神奈川県立音楽堂
一九五四年竣工。前川國男設計。木製の音楽ホールの響きは世界的にも評価が高い。

＊2　東京文化会館
一九六一年竣工。オペラ劇場である大ホールと小ホールなどからなる前川國男設計の文化施設。海外の音楽家からも高い評価を受ける日本クラシック音楽の殿堂。

ぼくが深層で母親に喜んでもらいたいと思っていたとしても、そんなことは設計の最中にはまったく意識していない。かりに意識にのぼることがあっても、そういう気持ちが持っているベクトルというのは、じつはだれもが普通に共有できるものなんじゃないかな。

益田の大ホールのこけら落としで、小澤征爾[*]が『セヴィリアの理髪師』を指揮したんだけど、そのときに、母親と父親を招待した。以前、小澤征爾が上野の文化会館で同じ演目をやったのを聴いたことがあるんだけど、音は益田のほうがいいんですよ、格段に。益田の音響は、日本で三本の指に入るとぼくは思っている。

でもね、建物のオープニング式典で、もうやめてしまいましたが山崎さんという音楽監督の発案で、高校生や一般の人が交ざった地元の合唱団が舞台に並んで、満席の一五〇〇人のお客さんも一緒に、最後に『故郷』を歌った。ホールにいるみんなで。

このときはね、ほんとうに涙が出そうになった。このホールがいちばん生き生きとした瞬間。ステージも客席も、全体がひとつになった。この瞬間は、どんなコンサートよりすばらしかった。

そのときの気持ちというのは、どういうわけか、母親に喜んでもらいたい、ほめてもらいたいという気持ちと、シンクロしているんだね。

だから、設計者の気持ちがどういうかたちで広がりを持つにしろ、共感されるにしろ、それはあくまで結果であって、入り口はわかりやすい話でいいんじゃないかな。ものを生

＊1　小澤征爾（一九三五〜）日本を代表する指揮者。日本人として初めてウィーン国立歌劇場の音楽監督（二〇〇二〜二〇一〇）を務める。

みだすのは個人だけど、その根底にある気持ちというのは、よく考えてみるとだれの気持ちのなかにもあったりするものだから。

だから、だれか好きな人のために設計する、ということでもいいと思うよ。その好きな人にほめてもらうことだけを考えてやればいいんだよ。

その気持ちが深ければ多くの人に共感してもらえるし、もっと深ければ、もっとたくさんの人たちに共感してもらえる。

まちづくりの場合も同じですか。

同じだと思うよ。

建築だから、まちづくりだから、土木だから、というのは関係ないと思う。ものを生みだすというのは、そういうことだと思う。

もし好きでもない女の子に、「いいまちですね」と言われても、たいして嬉しくないでしょう(笑)。女の人の場合はわからないけど、男は、たった一人の人にほめてもらうために、ものをつくっているのですよ。ほめてもらいたい人のひとことが、あらゆる苦労から救ってくれる、ともいえる。

三〇代のときかな、積水ハウスから、建築家のプロトタイプ住宅というのをつくりたい

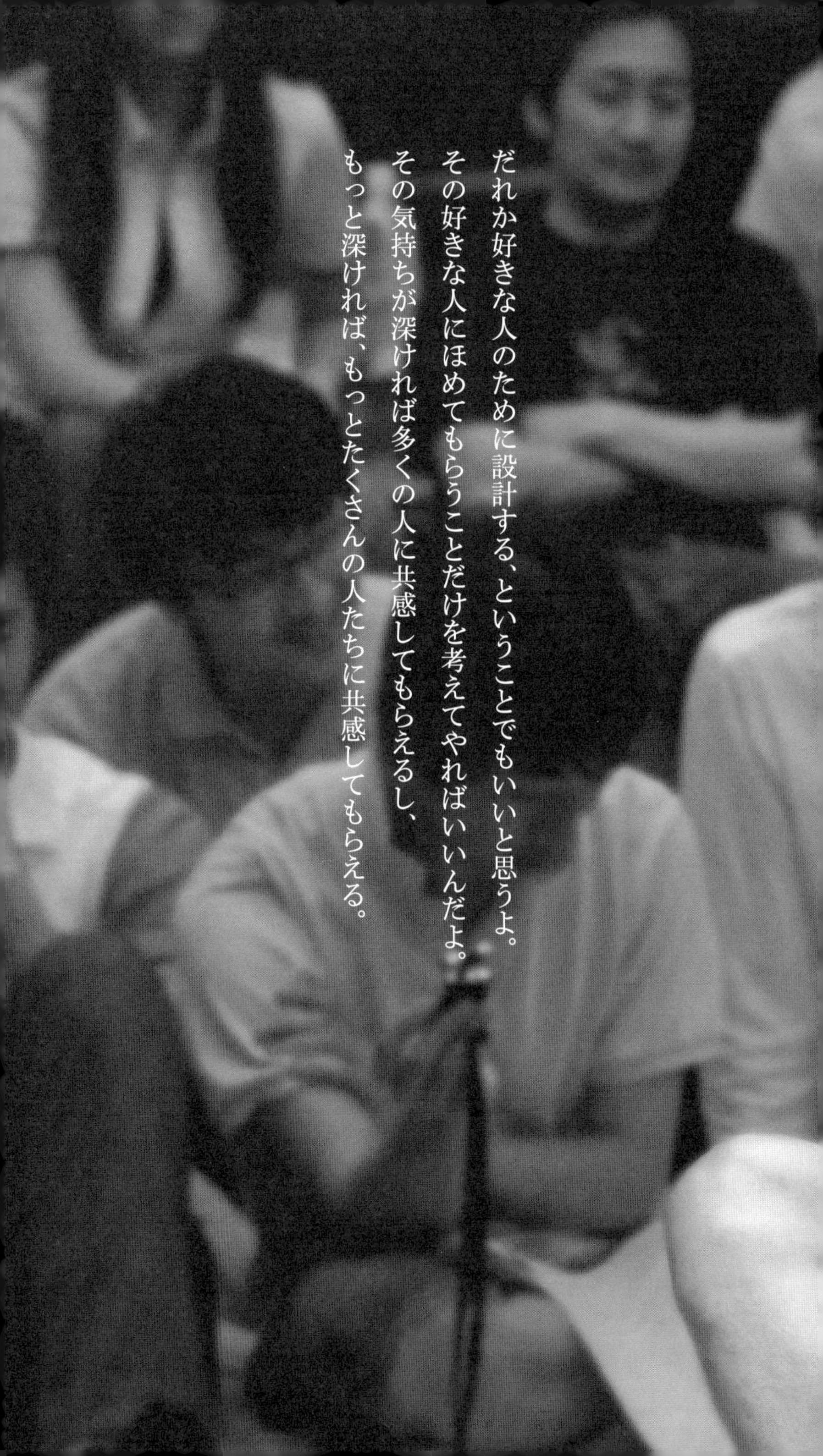

だれか好きな人のために設計する、ということでもいいと思うよ。
その好きな人にほめてもらうことだけを考えてやればいいんだよ。
その気持ちが深ければ多くの人に共感してもらえるし、
もっと深ければ、もっとたくさんの人たちに共感してもらえる。

という話があって、伊東豊雄[1]さんや長谷川逸子[2]さん、山本理顕[3]さん、それにどういうわけかぼくが加わってやったことがある。

それを仕掛けた、横浜営業所長の森畑さんという人がおもしろくてね。宴会のとき、かなり酔っぱらって「内藤さん、結婚っていうのはいったいなんだろうね」とか言う(笑)。「夜中に目がさめると、横でいびきが聞こえる。俺はいったいなにをしているんだろう、と思う」と。まあ、よくある中年男の嘆きですよね(笑)。

それで、この現実はなんなんだと思ったときに、かつて好きだった人のことを思い浮かべて、その人に「すてきね」と言ってもらうためにものをつくる、そういうことってあるでしょう、と熱弁をふるうわけ。

そして「ものづくりである以上、この人のためなら、と思うことはないですか？　このプロジェクトは、そういう気分でやってほしい」と言われた。

ああ、それはよくわかる話だなあ、と思った。ぼくも中年になりかけていたからね。

そんな感じ(笑)。

でも、気持ちを共有するとか共感するって、どういうことなんでしょうか。たとえば言葉で話しているときですら、それぞれの人がいろいろな世界観を持っていて、ひとつの言葉でもその意味しているものがお互い乖離していると感じることが多いんです。自分の言葉ではわかって

＊1　伊東豊雄（一九四一〜）建築家。代表作は中野本町の家（一九七六）、シルバーハット（一九八四）、せんだいメディアテーク（二〇〇一）など。

＊2　長谷川逸子（一九四一〜）建築家。代表作は湘南台文化センター（一九八九）、新潟市民芸術文化会館（一九九八）など。

＊3　山本理顕（一九四五〜）建築家。代表作は雑居ビルの上の住居（一九八六）、公立はこだて未来大学（二〇〇〇）、横須賀美術館（二〇〇六）など。

もらえない気がするし、でも相手の言葉を使ってしまうと自分がほんとうに思っていることが伝わらない……。

さっき、ぼくは空間の空気のようなものをつくりたいといつも考えている、と言ったよね。ぼくは、この、よくわからないこういう感じ、というものを伝えたいと思うことが多い。相手がまちの人であれ、学生であれ。これが大事なんだよね。

それを伝えるために言葉を使っているようなところがある。できるだけ論理的に話そうとするんだけど、いちばん伝えたいことはいつも論理の外にある、という思いがつきまとっている。

それがぼくの人にたいする態度かな。伝えたいことというのは、じつはきわめて言葉になりにくいと思いつつ、言葉を使っている。

あなたはあなたなりに、人にたいする思いだとか、自分の感情のようなものがありますよね。それを言い表そうとしていろいろ言葉を使うんだけど、言葉には真実がなかったりする。その感じだよね?

デカルト[*4]がね、『方法序説』のあと、晩年になって『情念論』という本を書くんですね。論理の外にあるもの、もしかすると身体性のようなものが、むしろ論理構築に枠組みを与えるのかもしれない、ということを書いている。

＊4　ルネ・デカルト（一五九六〜一六五〇）　フランスの哲学者。「われ思うゆえにわれ在り」という言葉で知られる、初期近代哲学の代表的人物。人間の理性に基づいた合理的な哲学を探究したが、後年、それまでの理論と矛盾して、精神と身体の結びつきを認め、論議を呼んだ。代表作は『方法序説』（一六三七）、『情念論』（一六四九）など。

つまり、言葉ではないもの、論理ではないものが、論理をかたちづくる土台になっているかもしれない、ということですね。それはありうることだと思うんだよ。

古い言葉だけど、言霊というのがある。言葉がなにかをまとっているわけだよね。その言葉が示す意味や論理よりも、まとっているもののほうが、ほんとうは大事なのかもしれない。それこそがまさしく文化なんだと思うんだけど。

すこし話がずれるけど、ぼくらがしゃべっている言葉には、音がともなっているよね。たとえばぼくはいま、この高さの音、イントネーション、リズムでしゃべっている。でも、同じ言葉をべつの人がべつの声音でしゃべると、ちがうニュアンスで伝わる。

だからほんとうは、なにかを伝えるためには、文字を通してではなく、人と人とが話しあうことが不可欠のはずなんだね。いまはインターネットでなんでもやれると思われているけど、インターネットでは言葉がまとっているものは伝わらない。

たとえばね、ゴルバチョフ[*1]が登場したとき、なんていい声だ、と思ったんですよね。彼のペレストロイカがなぜあのような力を持ったか、その要因は、じつはゴルバチョフの声のよさなんじゃないかとも思うんですよ。論理性じゃなくて、声のよさ。

それから、篠原修さん。ぼくは旭川の委員会で、篠原さんが発言したとき、ああ、この人いい声してるな、と思った。人を動かす声をしていた。言っていることはよくわからなかったけど(笑)。

＊1　ミハイル・セルゲーエヴィチ・ゴルバチョフ（一九三一〜）
旧ソビエト、ロシアの政治家。最後のソビエト連邦最高指導者から初の大統領となり、ソ連崩壊を引き起こした人物として知られる。ペレストロイカと呼ばれる政治経済の改革運動やグラスノスチ（情報公開）により民主化を図っただけでなく、長期間にわたった米国との冷戦を終結させた。一九九〇年にノーベル平和賞受賞。

ぼくらはいつも忘れているよね、そういうことを。でも、言葉というのは身体とともにある。そして、その身体性というのは、なかなか伝わりにくいものだよね。そういうことを前提に、会話を交わして、理解を深めあう。ようするに、わかりにくいものを超えて理解しあう。そこがおもしろいと思うんだよね。

そういうあいまいな「感じ」のようなものが、言葉を超えて、うまく伝達されたと実感した経験はありますか。

それは難しいよね。夫婦間でもうまくいかないようなことだから(笑)。

だけど、設計やまちづくりにかかわっていて、困難な事態に直面したときに「あの人が言うんだから、よくわからないけど任せてみるか」と最終的に思ってもらえるかどうかは、論理以外の部分、その人の言葉がまとっているものにかかっていると思うんだよね。たとえばあとから議事録を読んで、その発言が論理的だからみんなが納得する、なんてありえない。

これは大事なことだからみんなに言っておくけど、相手を説得しようとしてはいけない。相手を説得したときはね、かならずどこかで反撃を食らう。つまりひたすら論理や理屈で、こういうことだからこういうふうにしたほうがいい、するべきです、と相手をむりやり説得した場合には、まったくべつの局面で反撃を受けることが多い。経験的に。

大事なのは、相手に納得してもらうことなんですね。

納得と説得はちがう。自動詞と他動詞だね。納得するというのは、受け手の側の自発的な行為であるわけでしょう。だから、説得するより納得してもらうことのほうがたいへんだけど、納得してもらえる状態をどうつくるかということに最善をつくすべきだね。これは、なんでも同じだと思う。最後に納得するときに、言っている人間の人間性を信頼せずに納得するなんて、ありえない。あの人が言うんだから納得する、という「あの人が」がかならずついてまわる。

そこが大事なところだね。

どういう人が言うかによってちがう……。

もちろん。

都市計画の高山英華[*1]先生が晩年に、「あらゆる計画は人格に帰着する」と言ったそうです。つまり、ほんとうの意味での計画というのは、人間性や人格が背景になければできない。いくら正しいことでも、人間、いやなものはいやなんですよ。だから、多少正しくなくても納得してもらえる、ということが、大切なんじゃないかと思う。

＊1　高山英華（一九一〇〜一九九九）
都市計画家。戦後日本の都市計画を代表する人物。東京大学の都市工学科創設に尽力。教育・研究に携わる一方、多くの都市計画に有識者として参画。筑波研究学園都市や東京オリンピックなどのナショナルイベントの計画を指導した。

二……仕事と職能

仕事をするときに大切にしていることはなんですか。

もしぼくに能力があるとしたら、他人を普通に見られるということかな。建築家は現場に出なければいけない。現場には職人さんたちがいる。彼らを過剰に尊敬もせず、見下しもせず、ごく普通の人間として見られるかどうかがけっこう大切。同じように、社会的地位が高い人と面するときも、相手を過剰に偉いとは思わない。目線がいつも水平であることが、おそらくぼくのいいところだろうね。建築の仕事を通じて、ぼくはたくさんの職人と仕事をしてきて、彼らに助けられたり、じつに多くのことを教えてもらってきた。そういうなかで、自然に身についた目線だと思う。

具体的には、どのような?

たとえばある現場で、地中梁[*1]の鉄筋を職人さんたちが組んでいる。そのときに、この人たちはどういう人生を歩んできて、どういう気分でこの現場で鉄筋を組んでいるのかな、と想像できるかどうか。

地中梁の鉄筋というのはね、どんなにきれいに組んだとしても、コンクリートを流しこんだら永久に見えなくなってしまう。若い兄ちゃんが、重い鉄筋担いで、寒いなか番線[*2]を

＊1　地中梁
建造物の基礎を地中で相互に結ぶ梁。地盤の不同沈下などに抵抗するために設ける。

＊2　番線
足場の架設や型枠材の組み立てに使う結束用の鈍し鉄線。

張って、そういう仕事をしている。うまくいっていないところもあるけれど、すこしでもきれいに組もうと思って仕事をしている。

そんな姿を見て、この兄ちゃんはどういう人生を生きているのだろう、と想像する。もちろん、実際のことはわからないけどね。


すべての人にそうやって接するのは、実際にはたいへんなことですよね。


ぼくはこれまで、現場でいろいろな人間に会ってきた。

上着を脱げば背中じゅう入れ墨、なんていう職人もいた。この人はほんとうにすばらしい腕を持っていたし、人としても上質だった。以前暴走族だった連中なんてしょっちゅう出会う。

そのとき、彼らがどうして、どういう気分でこの現場にいるのかに思いが至るか、ということは、とても大切なことだと思う。それは、一人の人間としてつきあえるかどうかということだからね。

建築家はみんなスターになりたがる。そしていざスターになると、往々にして、裏方のことは関係ない、となってしまう。

でもそういう態度や姿勢は、協力してくれた彼らを失望させるだろうね。同じ人間としてひとつのものをつくりあげたつもりなのに、できあがってみたら、オレがやった、みたいに言われるわけだからね。

ぼくは、極力そういうことがないようにしたい。みんな、役割がちがうだけで同じことを共有しているのだ、と思えるかどうかが大事だと思う。

立場や地位が上の人と接するときはどうですか？　たとえば話をしていて、これはちがうと思っていても、口に出しにくいときがあると思うんですが、そういうときには断固言いますか。

ぼくは言わないね。

言ってなんとかなるときには言うけど、言ってもいい結果をもたらさないときには、時間を待つようにしている。

人間の気持ちなんて変わりますからね。それが期限に間にあえばうまくいくし、間にあわなければうまくいかないかもしれない。

もちろん言うべきことは言うけれど、それを強いたりはしない。こうしなければだめ、みたいなことは言わない。

社会に合わせる、ということですか。

そうではないよ。

こうあるべきだろうと思っているあたりまで相手の座標軸が動いてきたときに虫ピンを刺せばいいので、それを待ちながら見ている、という感じかな。

とくに、自治体の首長さんのような立場の人というのは、ぼくらの知らない現実をいくつも抱えこんでいる。その分、ぼくよりも情報量が多い。だから、こちらの考えのほうがせまい場合もある。

そういう人が、こうだと思っていることに、こちら側から反対を唱えるよりも、まずは彼の置かれている状況を想像して、最大限理解する努力をすることがマナーかな。そのあとで、やっぱりおかしいと思うときには、おかしい、と言いますけど、めったに言わないですね。

仕事をしていて、建築家やデザイナーという人種がほんとうに必要なのだろうか、と思うことはありませんか。

建築家という名前でなくとも、全体をまとめる人は必要だと思うよ。現場の親方であれ、あるいは自治体の首長であれ、そういう役割の人がいないと、なにもまとまらない。

ただ、まとめる立場の人は、経済や社会制度、法律、技術についてひととおり通じていなければならない、という前提がある。そうでないと、まちがえてしまう。たとえば、いくら見た目がきれいな橋をつくっても、壊れてしまったら意味がないからね。

だから、広い知識や人間にたいする洞察力を持った、プロジェクトをスーパーバイズする、あるいはオーガナイズする人は、どうしても必要だと思うよ。

ただ、かならずしもそれが建築家という名称である必要はない。

たとえば大規模の都市再開発のように、意思決定に損得勘定的な思惑が強く影響するような集団のなかで、一建築家ができる仕事というのはなんですか。

ぼくは、建築家が建物をつくる、という考えかたがすごくせまいと思っているんだ。もともと建築を意味する"Architecture"は複数形のない抽象概念で、構築という意味に近い。つまり、いまは単に、建物を設計する建築家という職業が、建築という言葉をまちがって独占しているにすぎない。

そう考えれば、いわゆる構築する能力を持っている人、抽象的な意味での"Architect"という人間が都市を構想しても、なんの不思議もないし、できるはずだよね。実際に、いまぼくの仕事の三分の一は、そういう役割が求められているわけだし。

たとえば、まちの人たちは日々の暮らしのことを考え、ディベロッパーは利益の追求を考え、政治家は次の選挙のことを考え、役人は次の人事異動のことを考える。ではいったいだれが全体をコントロールして、真にそのまちのこと、そこに暮らす人のことを考える場にみなを引き込んで、結果を出す責任を担って、それを引き受けるか。これは、建築家が経験的に養ってきた能力と役割に、きわめて近いものがある。

ただね、すこし拡大する、ということが必要です。

建築家が建築の仕事のなかで身につけてきた能力を、すこし拡大する。土木エンジニアが土木をやって得た能力をすこし拡大する。

枠に閉じこもっていたら、すごくせまい意味での建築や土木しかできないだろうね。

領域を広げていくというのはとても難しいことだと思うのですけど、それが求められる立場に立つことが前提になるのでは、とも思います。

年齢という要因もあるね。

たとえばいま、渋谷の都市再生特区のとりまとめをやっていますけど、六〇の手前でまさかこんなことをやらされるとは思ってもみなかった。でもそこでやっていることは、ぼくが建築を通して勉強したことを拡張して対応しているだけですからね。建築の経験がけっこう役に立っている。

ただ、そこに行き着くまでには年齢も大事だし、それから、ものごとや人間にたいする見方を、建築や土木といったそれぞれのフィールドでどれだけ深く掘ってきたかということも大事だね。

だからまずは、それぞれの興味のあること、専門分野をどのくらい深く掘れるかということに集中するべきだと思う。見通しのよい眺望は、その先にかならず広がっていますよ。


自分の専門を掘り下げながら、ものごとや人間のことを深く考え続けていれば、そういうポジションに達することができる……?


うん。いま、そういうことができる人間が少ないからね。

みんな、自分のことばかり考えて暮らしている。どうしたら建築雑誌に載るか、頭のなかの九〇パーセントくらいをそんなことが占めている連中がほんとうに多い。

そういう人たちには、そういうポジションは与えられないだろうね。


でも、建築の設計は自己表現であることから逃れられない、という面がありますよね。一方で、クライアントと折衝をすれば、自分を殺さないといけない場面もある。クリエイティビティを

失わずに、うまくものごとをまとめていくためにはどうしたらよいのでしょう？　自分を省みると、結局負け続けるのかな、とも思ってしまいます。

まずは、相手のことを理解することじゃないかな。理解することでものごとはうんと動きやすくなる。向こうに理解してもらおうと思っても難しいから、とにかくこちら側から理解する。

たとえば会議の席上、この人はいま部長で、この年齢だと役員の一歩手前で、どんなこと考えるかな、と想像するわけ。彼が言うことの背後を理解しようとする。

その想像力がとても大事ですね。

たとえばいま、東京大学のキャンパス計画をまとめている最中だけど、ぼくから見ればけっこう簡単で、東大の先生方はみんな負けず嫌い(笑)。学生もそうだけど。これほど同質的なコミュニティというのはない。

だから、すごく大事なことを実現したければ、実現したいと思う方向に負けてあげればいい。

悔しくないんですか？

全然悔しくない。志があるから。

大事なことが成ればいいと考えれば、べつに何回頭下げてもいいし、何回言い負かされても構わない。

いちばん大事なことの実現に向けて事態が動くことが肝要なのであって、そのためなら局地戦はいくら負けてもいいと思っている。

けっこうそれでうまくいきますよ。

面倒くさい問題は常にいくつか起きているけど、みんなその場での勝ち負けにこだわりすぎている。その場合は、こちらが譲ってあげればいい。ここだけは失ってはいけない、というところさえまちがえなければ、たいていなんとかなる。

ぼくは、「負けず嫌いは身を滅ぼす」と思っている。だから、あまり気にしないようにしている。

若いときからそうですか。

いや、たとえば三〇代の前半あたりまで、ようするに全体の上に立つ立場ではないときには、ほんとうに悔しい思いを山のようにしましたよ。

でも長く建築家をやっているうちにね、悔しがったからといってなにかがよくなるわけでもないし、まあいいか、と思えるようになってきた。だからみんな、そのうちそうなってくるよ。大丈夫(笑)。

若いころに、負けて悔しいという経験を何度も通り抜けないと、内藤先生のいまのような境地にはたどりつけない、ということも言えますよね。

だから、ぶつかって負けてみることだよね。いまの若者は負けることを怖がってぶつからない。ぶつかってたたきつぶされると、その先が開けてくる。

ぼくらは内藤先生から、前向きになれるようななにかをもらえている気がしてます。だから、内藤先生の事務所で働けたらおもしろいだろうな、とも思うんです。スタッフとして採用したら、事務所としてよりよい仕事ができるように、その人のなにかを伸ばそうとすると思うのですが、どのように育てているのですか。

事務所は、大学とはちがうよね。事務所では、こちらから教えることはほとんどないかもしれない。

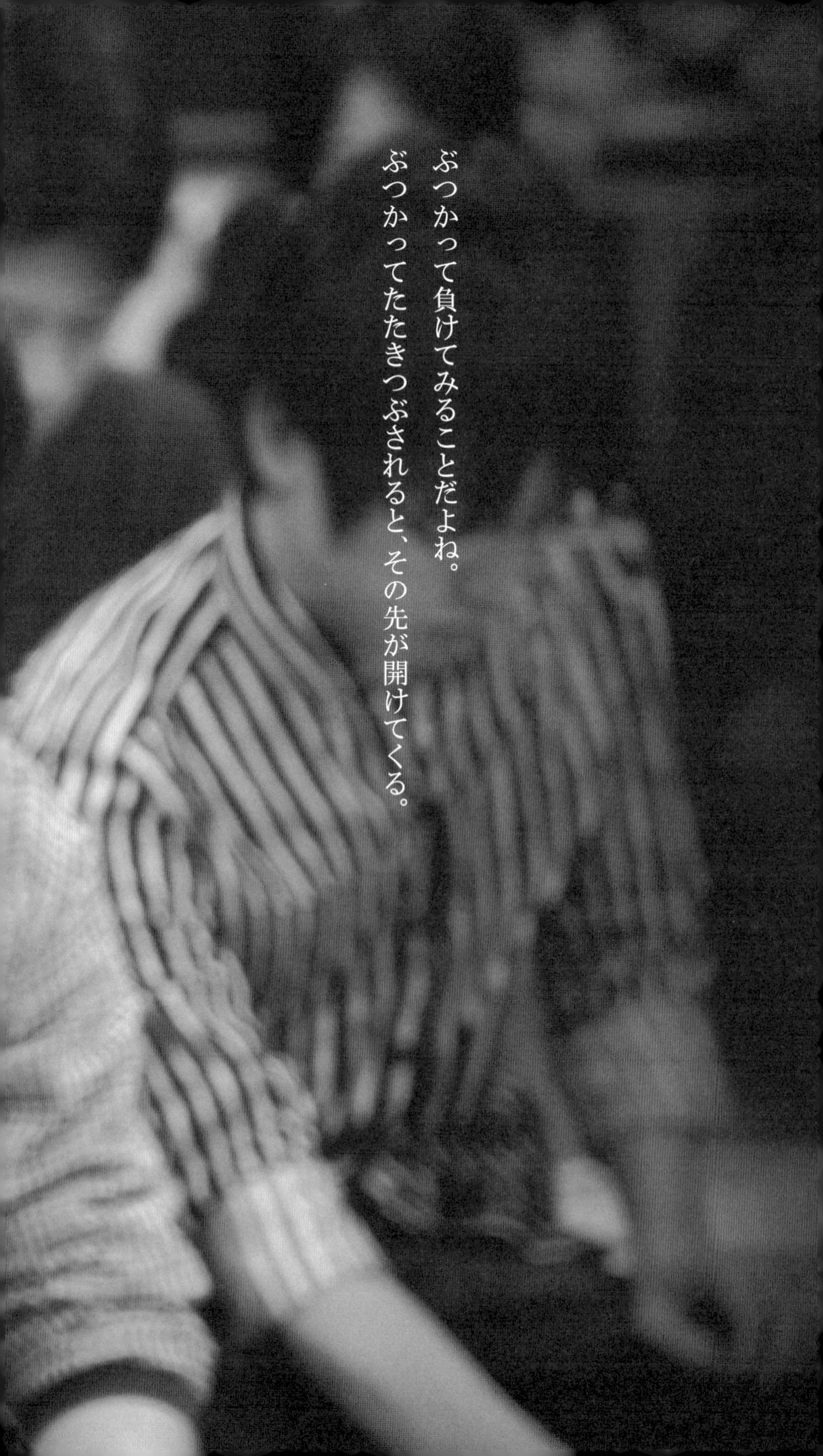

ぶつかって負けてみることだよね。
ぶつかってたたきつぶされると、その先が開けてくる。

ぼくは、ほんとうに大事な情報はこちらから与えるものではなく、自分からとりにいくものだと思っている。なかなか自分でとれない人間にアドバイスはするけど、それ以上のことはしない。できなければ、失格していく。

だから、仕事の場でなにかを教えるという気持ちはあまりないね。

事務所のぼくは、大学より厳しい。なぜかといえば、建築の仕事は人の生命にかかわるし、大きな金が動く。その社会的責任を果たすためには、一定の結果を求めざるをえないよね。結果がすべて。

だから、こいつは五年くらい辛抱したら伸びるかもしれない、というふうには考えない。一方で、学生にたいしては結果を求めない。ここがちがうところ。

最近、若い子たちはぼくの事務所に勤めてから、勉強させていただきますとか言うんだけど、それはちがうよね。なんでおれが給料払っておまえを勉強させなきゃいけないんだ、勉強は大学でやってこい、と言う。どんなに知識が乏しくたって、その人なりの貢献のしかたがあるはず。それをやるなかでいろいろなことを身につけていくもんです。その意識がないと苦しいだろうね。

これからみんな社会に出ていくと思うけど、そこでなにができるのか、どのように貢献できるかが問われているのであって、勉強する場所だと思っているのなら、それはおおいに雇う側にとって迷惑な話だと思う。

ただ、ぼくの事務所からすごく伸びた人間は何人かいて、独立していい仕事してますよ。あまり派手ではないけど、密度の高い仕事をする人間が出てきている。

それは嬉しいですね。

三……主体の居場所

内藤先生は、一人称で語ることがほとんどない、という印象があります。「私はこうなりたい」「私はこうしたい」ではなく、「ものごとはこうあるべき」という言いかたがほとんどです。本質を掘り下げて考えはじめると、「私」というものが相対的に消えていってしまうというか、「私」という主体性が目立たなくなっていくのでしょうけれど、そのときに、内藤廣という「私」はどこにいるのですか。欲望とか野心とかは……?

こうなりたいとかこうしたいとか、そういう欲望はないんじゃないかな。いきがかり上生きている、という感じかもしれない。

「私」というのは、もちろんぼくにもある。だけど、言わない。おそらく、ぼくの事務所のスタッフ連中に聞いても、「ぼくはこうしたい」という言葉はほとんど聞いていないはずです。

ものごとには二つのつくりかたがあると思う。ひとつは、「私、私、私……」と積み重ねていく先になにかが見える、というつくりかた。妹島和世[*1]さんはそういうタイプかもしれない。

それはそれですばらしい。でもぼくは、どちらかと言えば「私ではない」ということを積み重ねていくタイプだね。

たとえば自分の心のなかになにがあるかを探っていくと、ぼくとＡさんが合意できる

＊1　妹島和世（一九五六〜）建築家。一九九五年西沢立衛とＳＡＮＡＡを設立。代表作は再春館製薬女子寮（一九九一）、岐阜県営住宅ハイタウン北方Ｉ期＋Ⅱ期（一九九八、二〇〇〇）、金沢21世紀美術館（ＳＡＮＡＡ、二〇〇四）など。

ことがあって、もうちょっと探るとぼくとAさんとBさんが合意できる話がある。さらに探ると、ぼくとAさんとBさんとCさんがいいと思える場所がある。

そんな具合にどんどん掘り下げていくと、いまの人たちみんながいいと思う原形のようなものが見つかる。そこからあるべき具体のかたちに戻していく、そういうやりかたもあると思っているから、あまり「ぼくは」「ぼくが」と言わないんだね。

ただもちろんありますよ、蕎麦を食いたいとかうどんを食いたい、というぼくなりの欲望は(笑)。他人に強要しないだけ。

徹底的に「私」というものに依拠するデザインと、私というものを括弧に入れて本質を探っていくデザインの、二つのやりかたがある。

そのとおり。加算法と消去法のちがい、と言ってもいい。

たとえばドイツのインダストリアルデザインの巨匠のディーター・ラムス[*2]は、消去法のデザインですね。引き算をしていって、それをどこまで突きつめられるか。その突きつめかたがすごいので、ディーター・ラムスのデザインは、古くならない。

デザインにかぎらず、技術から入っていく場合もある。

たとえば、ウォークマン[*3]。ソニーの黒木靖夫[*4]さんがデザインした。あれは、これ以外の

＊2　ディーター・ラムス（一九三二〜）ドイツのインダストリアルデザイナー。一九九五年までブラウン社のデザイナーとして多くの工業製品をデザイン。機能を重視したデザインに特徴があり、アップル社のプロダクトデザインに大きな影響を与えたとされている。

＊3　ウォークマン　ソニーが一九七九年に発売した携帯型ステレオカセットプレイヤーで、現在は同社のポータブルプレイヤーの総称。

＊4　黒木靖夫（一九三二〜二〇〇七）ソニーのインハウスデザイナーとして、ロゴマークデザインやウォークマン開発プロジェクトのリーダーを務めた。

かたちをとれない、という限界までものの精度をあげていった結果生まれたかたち。

だから、ウォークマンのデザインは、カセットテープがなくなるまで、基本的に変わらなかった。これは引き算のデザインだよね。

ぼくもどちらかというとそちら側かもしれない。

忘れてはいけないのは、その手前に、音楽を持ち歩きたい、というだれもが求める欲望があったこと。これをビジョンといってもいい。そのあとに、できるだけ小さく、できるだけ軽く、といった技術とデザインがついてくる。


ある強烈なパーソナリティやタレントが自分の作品を世に問うて、もしかしたらそれが評価されて社会にインパクトを与え、普遍性を獲得する。ぼくたちは、デザインといえばそういう「私」の表現として理解しがちです。でもそうではなくて、ものをデザインする、つくるという行為そのものに、直接全人格をかけて没入する、その結果「私」が消える、というようなことが、果たして可能なのかどうか……。


どこまで「私」を積み重ねたら他人と異なる「私」になれるか、という考えかたには限界があると思う。

ぼくは自分を造形的な自己表現も十分できる人間だと思っているけれど、禁じ手にしている。こういうかたちの建物にしたい、というスケッチもほとんど描かない。

ぼくの知るかぎり、近代的な自我の現れが、デザインや個人の才能という言葉に深くかかわっている。たとえば、才能の延長にある天才という言葉、その出現はルネサンス。[*1]それから、「私」という独立した意識の登場はデカルトから。

デザインの成立というのは、じつはここと関係している気がするんですね。

中世のある教会では、入り口に「私をつくったのは誰々です」と書いてあるらしい。これは、ぼくはとても大事なことだと思う。教会の建物が「私」なんですね。つまり主体は教会の建物ということ。

ルネサンスになると、これが逆になる。誰々がこの教会を設計した、となるわけですよ。"Architect"という言葉が自覚的な意味を持って生まれるのもルネサンス。つまりこの時代に、「私」の才能の発露としてのデザイン、というものづくりのありかたが成立した。

だから、ぼくらがデザインという言葉の意味や、建築家という意識のありかた、個人の才能ということを考えたりするのは、おそらく無意識のうちに近代というものを前提にした思考をしているからなんだと思う。

たぶんぼくの意識のなかに、そういう思考様式がそろそろ破綻しかけているんじゃないか、という認識がある。

＊1　ルネサンス
一四〜一六世紀にイタリアから発した学問・芸術分野における革新運動。中世的価値観を捨て、ギリシア・ローマの古典文化を復興し、現世の肯定や人間性の解放などを主張。ダ・ヴィンチ、ミケランジェロ、ラファエロなどの卓逸した芸術家が生まれた時期としても有名。

どこまで「私」を積み重ねたら他人と異なる「私」になれるか、
という考えかたには限界があると思う。

それは、ある強烈な中心性のある個性が建築をつくりだす、というありかたにたいして、距離を置いている、ということですか。

すこしちがうところがある。

建築をつくるとき、すべてのことを同時に同期できる中心的な場所、ポジションというものが否応なく存在する。そうすると、そこに立たざるをえないんですよね、建築家というのは。そこから逃げるわけにはいかない。

つまり、あらゆる事情を知って、それをひとつのものにまとめあげる中心として機能する。これは、建築家にしかできない役割なんです。だから、「私」が唯一の主体であるようなものづくりのありかたを否定しつつも「私」が中心に座らざるをえない、という矛盾がある。

ただ先に言ったように、消去法、引き算方式でやっていけば、鉄筋を担いでいる兄ちゃんとか、ちがうところにいるいろいろな人が、同じ気分として共有している核心的な部分が見えるはずだと思うので、もしそこに立てれば、みんなが賛同してくれるという話になると思う。内藤という「私」が支配するものづくりにはならないと思う。理想論かもしれないけれど。

じつは、バウハウスというのはそっちなんですよ。

＊1　ワルター・グロピウス
（一八八三〜一九六九）
ドイツの建築家。バウハウスを創設し初代校長となる。モダニズム建築の普及と発展に大きな影響を与えた。代表作はデッサウのバウハウス（一九二六）など。

＊2　カール・フリードリヒ・シンケル
（一七八一〜一八四一）
ドイツの建築家、画家。ゴシックを取り入れた新古典主義建築の代表的人物。のちのモダニズムの建築家に影響を与えたとされる。

＊3　ギルド
中世〜近世のヨーロッパで、商工業者などの自営業者が相互に助け合うために結成した同業者の組織。工芸分野では、専門分野を分けることなく、総合的なものづくりが行われていた。

ワルター・グロピウス[*1]は、BAUが中心にあるあの同心円状の教育システムをつくろうとしたけど、グロピウスが尊敬していたのはフリードリヒ・シンケル[*2]という一九世紀の建築家。シンケルがなにを考えていたかというと、中世のギルド[*3]のようなもののつくりかた、考えかたの復活を考えていたわけですね。

つまり、近代以前の思想と方法。

つまり、主体性がつくり手側にあるのではなく、ものの側にある。

バウハウスの同心円[*4]の図というのも、問題意識はそこにあるよね。しかし、結果としてモダニズム[*5]は、その出発点でねじれたんだね。あの同心円の図式をなんとかしよう、とみんな一所懸命にやったんだけど、結局、その駆動力として作家性というものを表に出さざるをえなかった。

つまり、匿名性と有名性の矛盾を包含したまま回転させてきたのが二〇世紀モダニズムだった、というわけだね。

日本でも江戸時代初期の光悦[*6]という人は、作家性みたいな価値をはぎとろうとした。それを芸術の運動体としてやろうとした。ああいう立ち位置はあるかもしれない。

＊4　バウハウスの同心円
バウハウス独自の教育カリキュラム。教育課程が円で表現され、外側から予備課程、実習教育、建築教育と内側に向かって総合性を増す構成になっている。後世のデザイン教育に大きな影響を与えた。

＊5　モダニズム
一九世紀までの装飾主義を否定し、合理性・機能性に基づく新しい表現形式を確立しようとする建築運動。バウハウスの教育やル・コルビュジエ、ミース、ライトなどの作品を中心として、モダニズム建築は世界中に浸透していった。

＊6　本阿弥光悦（一五五八〜一六三七）
桃山時代から江戸時代初期の芸術家。書画、陶芸をはじめとする幅広い分野で活躍した。

デカルト以来、思惟する私が世界の中心に居座って、ものごとをすべて主知主義的[*1]に理解し処理しましょう、それがいちばんです、みたいになってしまった。そういう枠組みにたいするストレスはありますか。

ある。

おかしいとは思うけど、なかなか抜け出せないでいる。

ただ、それがだいぶ限界にきているのはたしか。建築を超えて社会や都市と向きあったときに、主知主義にのみ依存した立場というのはきわめてもろいということを感じている。

そこから変われるかもしれない、という予感のようなものはある。

たとえばまちづくりであれば、ある一人の建築家やデザイナーが、唯一の主体として全体を統べるやりかたではうまくいかない。主体性は個々人ではなくまちそのもの、あるいはまちづくりという行為を成り立たせている場のほうにあって、個々人は、その場へのかかわりかたに応じて、そのつどそれぞれの「私」に定まる。そういうイメージでしょうね。

そう。

ようするに、場によって、その時空によって、私は生かされている。「生きている」で

＊1　主知主義
感情や意志よりも、知性や理性に優位性を認める立場。

はなく「生かされている」という感覚かな。

たとえばヨーロッパの人たちは、都市を美しく整えることにこだわりますね。それはヨーロッパ的な「私」、世界を構築する精神としての「私」がそれを求めるのではないか、とも思うんです。つまり、彼らなりの主体感覚がどうしてもああいう構築的な都市のありかたを求める。同じように東京でも、日本的な主体感覚が都市のありかたに反映されているにちがいない、と思うわけです。たしかに東京は、全体をなんらかの精神で統合的に構築することに一度も成功したためしがないし、よくも悪くもぐちゃぐちゃ。しかしよく見ると、銀座、築地、日本橋、日比谷、大手町、新橋……という具合に、全体が細かいパッチワークでできている。全体としての統合的な姿や美とは無縁だけれども、ミクロに見ると、すこしずつ性格の異なる細胞がひしめきあっていて、けっこう相補的に全体が機能している気がします。これはこれで、日本的な主体感覚が生みだした都市のありかたなのかもしれない。

そのとおりだと思いますね。

ただ、ひとつコメントすべきは、ヨーロッパの街の美しさを支えているのは、ほとんど中世だということです。中世にできた中心市街の外側にできているものは、じつはたいしたことない。

だから、彼らも矛盾を抱えている。彼らがこだわる美しさというのは、じつは近代的な「私」という思考を生みだす以前の世界に依存しているわけだから。

つまり、近代というシステムを生みだしたヨーロッパというアイデンティティがあるんだけど、そのアイデンティティを保証しているハードウエアは、近代的な「私」というものが生みだされる前の世界の遺産。いわば、「私」以前のハードウエアに「私」以降のソフトウエアがのっかっているのがヨーロッパだ、と言えなくもない。

それから東京についてですけど、最近、ぼくらが醜いと思っている東京を、いっそきれいだと思いこめないか、と考えるんですよ。つまり、この街をきれいだと感じられない自分のほうがおかしいのかもしれない。

たとえば、雑草だらけの草むらに美しさを感じられない私がいる。でもじつは、こまめに刈られた芝生の広場よりもその草むらのほうが、豊かな種の多様性を保持している。芝生はきれいに見えるけど草むらを美しく思えない、という私の側がおかしいかもしれない。同じ思考で、東京という街を美しく見られるか。どこかにそういう気分がありますね。

でも、内藤先生のご自宅の庭は、とてもきれいな芝生ですよね（笑）。

あれも、ときどき草とりをしていると変な気分になる。あの状態を保持することが、いったいどれだけ豊かなのか、と疑問に思ってしまう。
芝生というのはなんていやなやつだ、と感じるんだよね(笑)。

これからの都市を考えるとき、生物多様性[*1]という物差しをあててみる、という観点はたしかにあると思いますけど、じつはそれすら、世界を統合する新たな論理を示そうとするヨーロッパ的主体意識の枠内にあるのかな、という気もしてしまいます。

「私」という意識を中心に置いているかぎり、そうかもしれないね。

でも、「私」という意識を中心に置くことなく世界を対象化するなんて、しょせん不可能ですよね。

こだわらない、という考えかたもあるよ。
たとえば景観なんていう概念は、ヨーロッパ近代が生みだした思考の最たるもので、むしろ捨てたほうが幸せかもしれない。景観にこだわる私というものは、一度検証しておいたほうがいい。非常に歪んでいる可能性もある。あるがままを受け入れる、という思考のほうが正しい、ということもありうる。
本音を言えば、ぼくはいま、そういう気持ちに若干傾いている。

＊1　生物多様性
一般に生物の個体や種、生態系が多様であること。

まちづくりのときに、景観を整えたほうがいいという理由は、損得の話に置きかえるようにしている。良心の働きとして景観を整える、なんてナンセンスだと思う。得だったらやればいいし、得でなければやめたほうがいい、というくらいの発言を繰り返しているんだ。整った景観より、人間が生き生きとしているほうがよほどすばらしいとぼくは思う。だから東京というのは、そんなに悪い街ではない、と最近は思っているんだけどね。

近代に輸入されてできあがった景観という概念は、たしかに疑ってかかる必要があると思います。その理由は、日本という国が育て、維持してきた主体感覚と、おそらくフィットしないからなんです。だから逆に、ぼくらなりの主体感覚を取り戻したときに見えてくるはずの風景とか景観は、これは捨ててはいけないとも思うんです。それは、ぼくたちの情感のかたちや、言葉のありかたにまで、深いところでつながっているはずですし。

問題はね、ぼくらがこれまでずっと、この近代的な思考に片足踏みいれてやってきたところにある。

なんだかんだいって、建築を生産する技術力や組織は近代に大部分依存しているし、建築家という立場で仕事をすることも、仕事が建築作品として雑誌に載ることも、近代的な思考の延長ともいえる。

ものすごく矛盾を感じるよね。

だけどそういう時代にも多少影が差してきて、終わりかけている気もする。いままでは、やればやるほど矛盾が増えていくような気分があったけど、この五年一〇年は、ちがう感じが生まれてきている。

世の中のほうが変わりはじめているんじゃないかな。

日本という社会全体が、お題目のように近代化とグローバル化と資本主義化を国是としてやってきたわけだけれど、どうもそうでもないかもしれない、という気分をみんなが感じはじめている。これは、いままでとはちがう価値が見えてくる予兆かもしれない。それほど遠い未来ではなくて、きみたちが活躍するこれから二〇年くらいのあいだに、大きな変化が起きてくるかもしれない。

意外にぼくらは、乗り越えていけるかもしれないよ。

一三……日本人であること

内藤先生の作品や著作にふれると、自分の国としての「日本」というのがすごく重要なのではないか、と感じます。内藤先生にとって「日本」がどういうものなのか……ぼくはもうすぐベトナムに帰るので、なにかアドバイスをいただきたいです。

これは難しい質問だね……。

「国」というのは、たぶん日ごろはあまり意識されていなくて、危機的な状況にさらされると浮上するものだよね。だけどその実体はだれも見たことがない。だから、それはほんとうにあるものなのか、必要不可欠なものなのだろうか。

たとえばヨーロッパでは、言語とか民族とか、いろいろな「国」のくくりかたがあるよね。たまたま一九世紀的な概念で、「国」というのを定めて国境線を引いただけじゃないか、ということもできる。

一方で、たとえば日本列島という地球上のひとつの地域が歴史的に生みだしてきたある価値というものがあって、そのことが世界にとって意味を持つ、という見かたもある。同じように、それぞれの地域において、世界の役に立つような生活文化や価値が生みだされているはずだ、と考えることもできるよね。

そういう場所なりの固有の価値が、いま、全体に弱くなってきている。その対抗策として「国」を意識する、というのはありうるのかもしれない。ちょっとあぶない話だけどね。

日本は自分の場所を強く意識して、世界に役立てる言語と文化を生みだすべきだ、ベトナムはベトナムで生みだすべきだ、という具合にね。

だけどそれが「国家」となると、とたんに邪魔くさくなる。資源の話やら国境線の話になって、鬱陶《うっとう》しい。あまり好きじゃないんですよ、ぼくは。

「国」という意識の悪い面が出るのは、「国家」が自己中心的にふるまいはじめるとき。自分たちがつくりだした文化の山が非常に高くて、それが世界に役立つものだと思いこみすぎて、世界にはほかにも文化の山がたくさんあるという事実にたいして傲慢になったときに、戦前の日本のようなことが起きる。

これはほんとうによくないよね。

ひとつの単純な事実として、「日本」と呼ばれるこの場所、地域に住んでいる人たちが生みだした文化がある、という考えかたが、ぼくにとっては自然でなじみがいいかな。

ただ、あなたの国のように他国と国境を接している場合は、地勢的に絶えず外からの圧力や価値が侵入してきて、それにたいしてどうあるべきかということを常に相対化しないと成り立たないのかもしれない。

そこは日本の事情とちがうのかな。

「国」ではなく、「民族」という言葉を使えばどうですか。

「民族」なんて、みんなあると思っているけど、きわめてあいまいな概念だよ。日本民族なんて、幻想に等しい。

「民族」でくくろうとしたいちばんわかりやすい例はヒトラーだけど、ドイツに行ってみれば、おれたちはゲルマンではなくてバーバリアン[*1]だという連中が南のほうにいる。また、一〇〇〇年間、外とかかわりあいを持たなかったなんて主張する連中もいる。そんなんじゃまとまらないから、ゲルマン民族[*2]はもともとアーリア人[*3]で、アーリア人の起源はアフガニスタンの南のあたりで、なんていう物語を捏造してヒトラーはアーリア系のオリジンをもったゲルマン系民族主義を掲げたわけだけど、そもそもそんな民族共同体がほんとうにあったかどうかなんて、だれにもわからない。

同じように、日本民族なんて、正確にいえばないのだと思う。寄せ集めだよ。

ただね、ぼくはいま、日本語をしゃべっている。

日本語という言葉が生みだすパラダイムや思考様式、価値観、それから自然にたいする考えかたというものがある。日本語という言語のなかでのみ可能な価値観があるはずで、それこそが大事だとぼくは思っている。

もし「国」という単位があるとして、その「国」が消滅するならば、それはぼくらが言語を奪われたときだと思う。文化の根幹が消滅するんだから。

日本語が正確に語られているかぎり、街が壊れようが、なにが起ころうが、ぼくらは生

*1 バーバリアン
ドイツ南方ではバーバリアンと自称する人々がおり、民族的な独立心が強いことで知られる。古代ギリシア語で異国の民を指す「バルバロイ」が語源。

*2 ゲルマン民族
一般に、インド・ヨーロッパ語族に属する、バルト海沿岸地方を原住地とする民族のこと。ナチス政権下では、古代ドイツで同名の統一された民族共同体が存在したという説が喧伝され、人種政策の根幹をなした。

*3 アーリア人
インド・ヨーロッパ語族に属する民族の総称。ナチスはドイツ人がもっとも純粋なアーリア人の血を引く民族であるとし、ユダヤ人に対する優越を主張した。

きている価値を見いだせるはずだと思う。
君はベトナムに帰ったら、ベトナム「国家」というのをいったん忘れて、ベトナムの言葉を正確に話して、正確に書いて、そのなかで生みだされる文化というものに軸足を置けばいいんじゃないかな。そうするなかで、ベトナムの文化でのみ可能でかつ世界に通用する考えかたと、日本語の範囲内で可能なよいものがそれぞれ影響しあえれば、すばらしいことだと思う。

ベトナムも昔から戦争を繰り返してきて、言葉しか残っていない、とよく言われるんです。

「言語」は、最後の砦《とりで》だよね。言語まで奪われたら、ほんとうに悲惨だと思う。

言葉がちがうと、当然論理がちがうし、言葉にともなう感情や情緒の中身もすこしずつちがう。そういう意味で、内藤先生が建築の設計をしていて「ああ、おれは日本人なんだなあ」「日本の建築をつくっているんだなあ」と思ったことはありますか。

ありますね。
それは、外国の人に理解されないときだよね。

「言語」は、最後の砦だよね。
言語まで奪われたら、ほんとうに悲惨だと思う。

自分がよいと思っていても、外国の人に理解されないとき。これは頻繁にあるけどね。逆に、ストレートに理解されるものは、かえって固有のものではないのかもしれない、と思ってしまう。

欧米人にとって世界というのはあくまで人間がつくるbuilt environmentであって、人間が世界をつくりあげるための空間的秩序や論理をいかに示すかが、建築家という職能の根拠である、というイメージがあります。私という精神が世界を構築する論理を示すことを重視する。一方で内藤先生は、「木をどう使うか」とか「コンクリートと鉄をどう継ぐか」とか、徹底してもの の論理から世界のありうべき姿を探っていく。これは、欧米の建築家にはわからない方法なのかな、とも思うんです。

非常に頭のいい人は理解できる。だけど、大部分の人たちは理解できないね。インドのバンガロールで開催された国際的な構造家のシンポジウムで基調講演をしたときのことだけど、シュライヒ[*1]さんとか偉い人が来ているので、なにを話すかいろいろ考えて、結局木造の話をした。木造の話をしつつ、日本の建築の文化の話、というか日本的思考の話をしたんです。

シュライヒさんはとても興味を持ってくれたけれど、大部分の聴衆は、たぶんわからな

*1　ヨルク・シュライヒ（一九三四〜）ドイツの構造エンジニア。張力構造を大胆に用いた造形に特徴がある。代表作はケルハイムの歩道橋（一九八七）、max-eyth-see bridge（一九八九）、ローヴェントール歩道橋（一九九二）など。

かったと思う。でも、インド人はわかった。彼らは「あなたの言っていることは私たちの考えかたにきわめて似ている」と言ってくれた。

どんな話をしたかというとね。

西洋近代の思考では、たとえばスチールを可能なかぎりコントロールして、いくところまでいく。つまり、構造解析を突きつめていって、コントローラブルな素材としてのスチールを極限まで追求する。だから、あなたがた欧米は、材料をコントロールしつくす整合性にひとつの美しさを見いだすという傾向があるけれど、木造をやっているとそうはいかない。

木造は半分自然の素材を扱う。木そのものがわれわれに要求する性質、というものがある。それを突きつめていくと、「私」という主体がものをコントロールするのではなくて、もののほうが「私」をコントロールする、という考えかたになる。木造の場合は、そう考えないと成立しないんだ。

そういう話をした。

これは、彼ら欧米がやろうとしているベクトルとはまったく逆方向なんですよ。「私」がものをコントロールするのではなくて、ものが「私」をコントロールする。

さらに話を拡大すると、キリスト教・ユダヤ教的概念では、「私」が自然をコントロールする。だけど日本の場合は、自然が「私」をコントロールする。そういうスタンスのちがいがある、という話をしたんですね。

これは、近代がもたらしているものとは、まったく逆の思考パラダイムです。インドの連中は「それはアジア的概念とヨーロッパ的概念のちがいじゃないか」と言っていたけど、まさにぼくもそう思う。

ヨーロッパの人たちも、優れた知性を持っている人は、わからないではない。そのあたりがあなどれないところだね。いま、世界で圧倒的に欠けているのは日本的概念というか、アジア的概念。「私」がコントロールされる、という感覚は、とても大事だと思う。

つまり、主体は自然の側にある。インドの人たちは汎神論[*1]的な神の世界に生きているから、たくさんの神が自然のなかにいて、それによって「私」が規定されている、ということが感覚的に受け入れられる。

一般に、キリスト教的思考を土台にしたヨーロッパ近代の場合、「私」という主体を置いたうえで自然を見るわけだけど、念のために言っておくと、「ヨーロッパ」と十把ひとからげにくるのは、ほんとうは正しくない。

七、八年前に訪れたバルト三国のひとつのラトビア[*2]には、八〇〇いくつの神様がいる、と聞いた。日本の八百万の神と同じですね。さらにここには、日本の俳句と非常によく似た、短い字句で詩を生みだす文化がある。

あるいはフィンランドには、ピュハティイラという概念がある。これは、神聖なるものが

＊1　汎神論
あらゆるものが神であり、神と世界は同一であるとする宗教観・哲学観。一神論の対極的な考えかたである。

＊2　ラトビア
バルト海とロシアに挟まれた北東ヨーロッパの共和制国家。独自の言語を持ち、古代の民俗的な自然信仰とキリスト教が習合した文化を現代に継承している。

「私」の外にある、自然のなかにあるという考えかたで、キリスト教伝来以前のものといわれている。自然には霊的なもの、神聖なものが満ちているわけだから、自然のなかに建物をつくる場合、自然のほうに神聖な価値があるんですね。建物はどちらかというと、不浄なもの。だからフィンランドでは、できるだけ自然に開かれた教会をつくろうとする。

これは、キリスト教的概念とちがいますよね。キリスト教では、教会がもっとも神聖な場所ですから。教会から遠ざかるだけ価値が下がっていく。その反対なんだからね。

ぼくらはヨーロッパをひとくくりに「キリスト教」と見てしまうけれど、キリスト教的価値感というのはローマのバチカンを中心に同心円的に広がっていて、その外縁部には、それとは逆のベクトルの、地続きの思想がまだたくさん残っている。むしろわれわれに近い考えかた、感覚がたくさんある。

ぼくは、二一世紀はそういう価値観がリベンジをする時代だと思っている。

キリスト教の教会中心主義的な世界観のうえに、私が存在する根拠は思惟のみである、というデカルトの自己観が重なりあって、以来、人間の精神こそが唯一の主体で、その主体が世界をつくりあげるのだという思想が世界を支配している、ということですよね。でもなにかの本で、じつはそういう「主体」「私」「自己」という感覚が強烈なのは、世界でも欧米のかぎられたエリアで、ほかの大部分の地域は、いろいろな主体同士の関係性のなかではじめて自分が座る場

所が決まる、という自己観をあわせもっているのが普通だ、と読んだことがあります。

そのほうが正常だよね。

ただ、デカルト的な主体観は、抽象的なだけに、非常に強い普遍性を持っているわけですよね。一方で、まわりとの関係性によって定まる私、みたいな主体観は、結局ローカルな文脈によってそのつど私のありかたが決まる、といういわば一貫性のない話だから、果たしてリベンジできるだけの普遍的な力を持ちうるものかどうか……。

構造の話にたとえて答えると、近代的構造計算技術は無矛盾を理想とする。つまり、リダンダンシー[*1]が少ないほうがよい、とする。鋼構造はとくにそういう無矛盾系を目指すわけですね。ところが、局所的な矛盾があると、そこに応力が集中して、崩壊してしまう。それにたいして、在来木造の継手[*2]というのは、小さな回転モーメントがたくさん集まっている。なんの変哲もない木造住宅でも、柱と梁があらゆるところでずれて重なっていくわけだから、数百の回転モーメントによって成り立つある種の均衡状態にある。これも立派な構造といえるわけでしょう。これを「多矛盾系」と呼んだらどうだろうか。

構造からいきなり世界の話になるけれども、多矛盾系による平衡、という考えかたも、

＊1　リダンダンシー
想定される応力に対する余裕。冗長性と訳される。

＊2　継手
二つ以上の材が接合するジョイント部をいう。在来木造には腰掛蟻継、追掛大栓継などさまざまな種類がある。

世界の構造としてあるんじゃないだろうか。

これから世界に求められる構造として、それぞれが回転モーメントを持っているんだけど、それが数百集まると全体としてきわめてリダンダンシーの高い、安定した、ようするに局所破壊が全体破壊に至らないような系のありかたというものがあるんじゃないか、と思っている。

いまの社会情勢だと、局所破壊が全体破壊を引き起こしかねない。たとえばヨーロッパで、ギリシアが壊れるとＥＵ全部が壊れるかもしれない、ということになる。あれはＥＵ圏内の経済システムの無矛盾を目指すから起こる話であって、多矛盾系であれば、より安定したシステムになるのではないか。

ただ、多矛盾系が成り立つためには、他者にたいするリスペクトのしかたというか、自己の謙虚さと、他者と自分との矛盾を受け入れるような精神構造というものが、文化としても社会システムとしても必要になってくる。

だから、二一世紀で肝要なことは、それぞれがちがう、ちがうのだけれども、ちがうからこそ全体の系が安定しているのだ、と認識できるかどうかだと思う。

一四……リーダーに問われるもの

さきほどの多矛盾系の話に関してですが、設計にしても計画にしても、ある種の論理を構築する行為ですよね。しかし矛盾を前提とするという態度は、その論理にのらないもの、あるいは言語化できないもの、そういうものに価値を見いだして認めあう、ということですよね。そのとき、計画者や設計者にはなにができるのでしょうか。論理を示しつつ、その論理にのらないものの価値を同時にすくいあげる、ということが、果たして可能なのかどうか。

そこはいつもせめぎあいになるのだけれど、最後のところで矛盾を受け入れる余地を残すという姿勢がいるのだと思う。ディテールを組みあげるときでも、マスタープランをつくるときでも。

つまり、もちろん論理的に考えてつくるしかないわけだけど、矛盾が入りこむ隙間をあらかじめたくさんつくっておく、ということが大事だと思う。

それは、計画や設計として欠陥を含むことにならないですか。

矛盾というのは、見方を変えれば、異なるものが許容される、ちがう価値が併存できるということだから、欠陥とはちがうんじゃないかな。

わかりやすい例でいうと、たとえば妹島和世さんのようなつくりかたというのは、妹島的思考やイメージと矛盾しないもののありかたを求める。いわば、彼女にとっての無矛盾系をつくろうとしている。もちろんそれは彼女のクリエイティビティであるわけだけれど、同時に、非妹島的思考やもののありかたがはいりこむことを拒絶するところがあるよね。

ぼくの場合は、妹島さんのようにはつくらない。いろいろなものが混ざりこむことをよしとする傾向がある。たとえば海の博物館なら、収蔵物があふれかえっているけど、それがそのままあの場所のアイデンティティになっている。それが多矛盾系的ぼくの価値観であり、ぼくのつくりかたなのではないかと思う。

この二つの考えかたのちがいだね。これを都市や土木に敷衍することもできる。ただぼくみたいな立場をとったとき、メディア的にはわかりにくい、伝わりにくいということが、欠点として当然出てくる。効率が悪いんだね。

でも、それがぼくのやりかたなので、しかたがない。できるだけ伝えようとはするけれどね。

ある一人のつくり手が設計や計画の論理を組み立てていくときに、できるだけ隙間をつくりながら思考する、というニュアンスはわかるのですが、もしつくり手が複数になった場合、論理をお互いにかぶせていく作業になりますね。そうすると、論理の隙間が小さくなっていって、あるいはなくなってしまって、全体として平板化してくる可能性はありませんか。

いろいろな考えを有する協力者が寄りあつまって、それを重ねあわせれば多矛盾系になります、という話ではないよ。

あるいは、「私」という一個人の表出がすくなければよい、と言っているわけでもない。

計画や設計というものが、未来に向けて投げられるものだとすれば、その計画の中心に立つリーダーには、遠投力のようなものが問われる。つまり、どのくらいのスケールのビジョンを提示できるか、ということだよね。そうすると、投げたぶんだけの隙間が生じるわけだから、そこを埋めていってもらう必要がある。

すぐ近くに投げた場合は、小さな隙間しかできない。これはすぐに埋まってしまうよね。でも、ものすごく遠くに投げたときには、大きな隙間がたくさんできることになるでしょう。これをビジョンといってもいいし、志といってもいい。

ぼくは、プロジェクトを前にしたときに、未来に向けてできるだけ大きなビジョンを描くことが、リーダーの役割だと思っている。だれかがそれを描いてはじめて、みんなが協力できる。隙間を埋めていこう、という気持ちになる。

たとえば建築でいうなら、構造の専門家は単に梁せい[*1]の寸法を決めるだけ、という協力のしかたもあるわけでしょう。でもそうではなくて、ときには思考のパラダイムについて議論したうえで、構造がどうあるべきか、彼なりの思考を働かせてもらう。

それがほんとうの意味でのコラボレーションだと思う。

＊1　梁せいの寸法
梁断面の下面から上面までの高さ。

だから、論理で決めきらずに隙間をつくりだすためには、遠投しなければいけないわけですね。すぐ近くにしか投げられない人間は、リーダーというよりメンバーの一人であるべきかもしれない。

まちづくりも同じだよね。

その遠投力を生みだす上腕三頭筋は才能ですか、それとも経験？

才能かどうかは自分ではわからない。

ただ、できるだけせまい専門分野にとらわれずに、専門分野の外のものごとにたいする想像力を豊かに持つことが大事だと思いますね。

遠投するとはいっても、内藤先生が投げたあとの隙間を埋める人たちが、信頼できる事務所のスタッフや構造家である場合と、まちづくりのように自分で選べない場合とでは、状況がちがいませんか。つまり、能力のかぎりをつくして全力で腕も折れよと投げてみても、周囲にその隙間を埋められる人がいなければはじまらない……。

どこまで投げるかというのは、周囲の人間との関係性ではほとんど決まらないね。それ

計画や設計というものが、未来に向けて投げられるものだとすれば、
その計画の中心に立つリーダーには、遠投力のようなものが問われる。

はやはり、個人の能力に帰着するものだと思うんだよね。まわりはなんとかなるものだ、というのがこれまでの経験。

チームがまとまるときの様相、というのがあるでしょう。ぼく以外の人間がぼくをサポートしようとするときというのは、最終的にはこいつを信頼するしかない、という話であるわけだから、そのときはぼくという存在の全人的な価値が求められ、問われているのだと思う。

そこが大事なんですよね。

だから、どこまで投げられるかは、私という人間の力量の問題だと思う。

最終的に人格に帰着することはわかるのですが、かならずしも一個人のヒロイックな全人格である必要はないのではないか、とも思うんです。

でも、大切なことを決めるときというのは、きわめて孤独ですよね。決める責任は、自分にしか戻せないからね。

たとえば、みんなで決めましたと言っておいて、あとから、いやあの部分はあいつが決めたことだし、とか言うことがよくある。これはたぶん、だめなプロジェクトだよね。

具体的にいうと、たとえば牧野の建物をああいうかたちに決めたことにたいして責任をとれるのは、ぼくしかいない。益田の敷地のまんなかに広場をつくったことも、ぼくにしか責任をとれない。それが町の命運にかかわることであったとしても。

だから、だめだったら腹を切るしかない、という気分で決めている。そのときは一人ですよね。だれかと相談して決めるなんて、ありえない。その孤独な場所に立てるかどうかが、人間の質とか人格の問題なのだと思う。

ただ、そういう覚悟のときのほうが、結果として、みんな協力してくれるんだよね。

事務所の幹部スタッフにはときどき言うんですけど、一人になってもできる覚悟がないと、設計事務所なんかやってはいけない、と。たとえばいまここに一〇〇億円のプロジェクトがあって、自分一人でできるか、その覚悟があるか、ということ。できる、という気分がなければいけない。あるいは、思いこむことができなければいけない。

最終的に一人で責任をとる覚悟がないと、建築家としてやってはいけない、といつも思っている。

カッコよすぎるかな(笑)。

一五……情報社会と身体

Twitter[*1]などのツールが発達してきていますが、現代の高度情報化によって人間関係が変質してきている、と感じることはありますか。

そうだね、微妙に変質してきているかもしれないね。だけど、たいした違いではないような気もする。基本は同じだよ。Twitterのシステムをつくりだした人間、ニーズを先取りする直感に優れた人がいて、その人がなにを考えてつくったのか、ということには興味があるけどね。でもそれ以上に興味があるのは、こういう新しい技術やシステムが社会の基礎的な構造を変えていくのかどうか、ということかな。

たとえば昔、テレビが登場したときも、テレビが人間の空間意識を変えるだとかなんとか、いろいろ言われたかもしれない。でもいまはテレビなんてあたりまえになっている。携帯電話が出てきたときも同じだよね。

人間というのはいつの時代も、それなりに新しいものや状況を受け入れていくものだと思うのだけど、それが結果としてぼくらの社会的な仕組みの根底をどう変えているのか、社会の質にどのような影響を及ぼしているのか、ということにはすごく興味がある。

ただぼくの場合、結論はいつも同じだね。

いまの社会は、非常な速さで技術が進化していく渦のようなものだけど、そのなかにい

＊1 Twitter
Twitter社が運営するミニブログサイト。二〇〇六年にサービスを開始。ツイート（つぶやき）と称する一四〇文字以内の投稿や、他ユーザーによるツイートの閲覧、共有を介して、緩やかなコミュニケーションを行えるのが特徴。

るわれわれ人間というのは、一七〇センチプラスマイナス一〇センチくらいのスケールの身体を持ち、その身体は七割くらいが水分でできている。そういう身体的な事実というのは、簡単には進化しないわけでしょう。

結局、ものすごく速い速度で変わっていくものと、ものすごくゆっくりしたスピードでしか進化していけない身体との折りあいを、どうつけるかに尽きると思うんだよね。

つまり、いつの時代も、Twitter だかSNS[*2]のようなものが登場してきて、それがわれわれの身体や感覚をどう変えたか、ということになるんだけど、この程度のことじゃあまり変わっていないんじゃないかな。

あんまり気にしすぎないほうがいいよ。結局、ぼくら建築や都市の仕事をしている人間は、基本的には古典的な意味での身体と向きあいながらものをつくっているわけだからね。

＊2　SNS
ソーシャル・ネットワーキング・サービスの略称。登録者がインターネット上で交流することを可能にするサービスの総称。Facebook、Twitter、mixi などが知られる。

身体が変わるのではなくて、身体性というものが感覚として必要なくなってくるというのが、情報化の流れだと思うのですが。

でも君だって、日に三度メシを食うわけじゃないか。水も飲むでしょう。

ぼくらの生の、そういう部分についてはどう考えるの？　人間はしょせん身体を備えた存在である、という事実からは逃れられないんじゃないかな。

おそらく、ぼくらが生きていかなくてもいいという前提に立てば、身体性を極限まで切り詰めるということもありうる。中世の修道院[*1]や禅宗[*2]の僧侶みたいにね。でも彼らだって最後には、断食したり座禅を組んだりして身体性に戻ってくるわけでしょう。

結局、身体なき思考というものがありうるかどうか、ということだよな。

君は、ありうると言っているわけだ。

身体なき思考が虚構だとしても、その虚構だけでひとつの世界が成り立っていて、それをごく普通だと思う感覚を、いまのぼくたちは半分くらい持っていると思うんです。そして、この虚構化の方向性は止まらないだろう、とも。

情報化というのはまちがいなくひとつの流れなんだけど、あだ花かな、という気もする。ぼくらは戦後六〇年間、平和ボケしてきたようなところもあって、切実に飢えていないでしょう？　もしわれわれの社会に深刻な飢えや危機が訪れたときに、果たしてそういう虚構の世界は機能するのだろうか。

もしかすると、誤った方向に作用するかもしれない。アフリカのどこかのラジオ局が情報を流して、ツチ族[*3]の虐殺を煽った。あれは情報ですよね。

情報化社会はそういう危なさを抱えつつ進化しているのだ、ということを常に頭に入れ

＊1　修道院
キリスト教徒が自らの信仰心を追求するために、修道士として祈りと労働による共同生活を営む場所。

＊2　禅宗
達磨によって中国に伝えられ、彼を開祖とする仏教の宗派のひとつ。坐禅による修行が特徴。日本では臨済宗・曹洞宗などが代表的。

＊3　ツチ族の虐殺
ルワンダ紛争のなかで一九九四年に起こった「ルワンダ虐殺」のこと。多数派民族のフツ族によって少数派民族のツチ族と穏健派のフツ族が虐殺の対象とされた。犠牲者は五〇万～一〇〇万人と推測される。現地の新聞やラジオは、ツチ族への殺戮行為を積極的に扇動し推奨していた。

ておかないと、情報が身体を殺すという状況が生まれかねない。

だから、ぼくらは危ない瀬戸際にどんどん突き進んでいるのかもしれないね。ほんとうはその瀬戸際の一歩手前で、社会的に深刻な危機、つまり身体そのものが危険にさらされるような事態が起きたほうがいいのかもしれない。そうすれば、情報というものが生存にたいしてどう役に立つのかということが浮き彫りになるはずだから。

たとえば、仮に関東大震災が来て、ぼくらが身体的に死ぬかもしれない、そういう事態に陥ったときに、この情報化社会がどう作動するか。


一方で、サイバー空間[*4]をひとつのパブリックスペースとみなして、それをどのようにデザインするか、という視点もありえますよね。


それはあるかもしれない。

その空間がより多くの人の生存に寄与しているのであれば、パブリックスペースといえるだろうね。

たとえばサイバー空間を通じたコミュニティがあることによって、自殺しようとしている人が思いとどまるかもしれない。孤独で精神的にしんどい人たちが、それがあることによって救われるのであれば、それは有益な機能だ。

＊4　サイバー空間
現実的な物理空間ではなく、コンピューターやインターネット上に構築される仮想的な空間のこと。

中世ヨーロッパであれば、広場がそういう役割を果たしていたかもしれないし、江戸時代の大通りや橋詰もそうだったかもしれない。いま、昔のようなハードウエアだけではなく、ソフトウエアがあることによって、人間が孤独から救われるのであれば、それはありだよね。

大事なことは、それがぼくらの生存と結びついているかどうか。結びついているなら、それをパブリックと呼んでもいいと思う。

たとえばチリの地震[*1]のときだったか、Twitterで安否確認がされた話を聞きましたが。

ぼくは公共性というのは、ハードウエアとソフトウエアとを問わず、基本的には日常よりも非日常のときに、どういうかたちでその本性を現すかによって、真価が問われるのだと思う。

たとえば渋谷のハチ公前広場にしても、日常的にはどうあってもいいわけで、非日常的な状況が生じたときにあれがどう機能するかが、公共性のあるなしの決定的差異。あるいは、ある人間がぎりぎり生きられるかどうか、といった局面にあるときに、その空間が助けになってくれるかどうか。

サイバー空間も同じことでしょう。

*1 チリの地震
二〇一〇年二月二七日に南米チリで発生したマグニチュード八・八の大地震。死者は五〇〇人を超えたとされ、国道などの主要インフラが崩壊、沿岸を高さ三〇メートルの津波が襲うなど、甚大な被害を受けた。

人でにぎわっているとか、楽しそうなコミュニティがあるとか、そんなのたいしたことではない。

身体を介したコミュニティとネット上のコミュニティとのちがいはなんなのでしょう?

コミュニケーションというのは、おそらくいくつもの層に分かれている。いわゆる情報化社会のコミュニケーションというのは、いままでにはない新しい層が加わった、と考えるべきなんだろうね。

つまり、身体的なコミュニケーションの層がいくつも地層のように積み重なっていて、その上に情報空間を介したコミュニケーションの層が形成されている。だけどそれは、たいして分厚い層じゃないよ。

たとえば、前にゴルバチョフの声の話をしたよね。つまり、語っている内容ではなく、あの声が人を動かしているのではないか、と。声の厚み、豊かさ。語りのテンポ、風格。ネットでは、そういうものはすくいとれないよね。

スカイプ[*2]で話をすることもできますけど。

＊2　スカイプ
スカイプ社が二〇〇三年に開始した、P2P技術を利用したインターネット電話サービス。電話回線を使用せず通話料金がかからない、高品質で安定した通話ができるなどの理由から、世界中に広く普及している。

いずれにしても、薄いと思う。

もちろん、薄いからだめ、と言っているのではないよ。薄くて広いコミュニケーションの層があったっていい。

ただ、それがたいそうなものだと思うのは、ものすごくまちがっている。

たとえば本であれば、なにかを書き、それを編集し、さらに一定の大きさを持つ紙の束という媒体を持つことによって、サイバー空間上のコミュニケーションとは、大きくちがった質を持っている。そこにこそ意味があるわけで、サイバーなコミュニケーションと、身体的コミュニケーションの中間ぐらいのメディアとして、これからもあり続けるんじゃないかな。同じ意味で、サイバーなコミュニケーションも、ずっとあり続けるのだろうけどね。

ようするに、単に新しいものを獲得したのだと考えれば、それでいいと思うのだけれど。


そうであればなおのこと、新しく得たコミュニケーションのツールを、どう戦略的に利用していくか、どう操作していけばいいのか、ということを考えなければいけない、と思うんです。


操作する側の話か。発信する側の責任は重くなるかもしれないね。

それから、すでに発信されているものの嘘を暴く役割もある。行政とかマスメディアによってつくられ操作された社会常識にたいして、そうではない、と突きつけることがネットにはできる。

それがなされない情報化社会はかえって危ない。

そういう健全な勢力を持てるかどうか、かな。


たとえばテレビの場合、テレビ欄全体として右とか左とかバランスがとれていればいい、という具合に考えられると思うのですけれど、インターネットは自分の見たい情報しか見ない、そういう情報の摂取のしかたなので、非常に危ないと思います。


君たちは、テレビは情報を公平に与えていると思うかもしれないけれど、かならずしもそうではないよ。ぼくは何回かテレビに出演したことがあるけど、言葉狩りがすごいですよ。収録中、あるところまで話すと、「先生、ちょっとその言葉は省いてしゃべってください」と止められる。そういうものを、きわめてナチュラルに語られているかのように、テレビは流している。

こういう言葉狩りの裏に潜んでいる世界を、テレビ自身が乗り越えられないなら、インターネットは自由に議論できるツールとして、テレビを客体化する可能性を秘めた存在になるのかもしれない。

新しいメディアというのは、古いメディアを客体化する能力を持っているはずだから、そういう使いかたをするべきなんだろうね。

人間はなんだかんだいって、状況の変化に応じて柔軟に対応していく力を持っていると思いますけど、この高度情報化の流れがぼくたちを決定的に変えてしまうとすれば、それはなんなのでしょう。


テレビが一般家庭に普及した当時、たとえば、ベトナムで戦争をやっていて、それがニュースで流れる。ぼくたちは日本の家庭で食卓を囲んで晩飯を食っている。人が殺される映像が流れるその横で、一家団欒をやっているわけですね。

それ以前は、一週間遅れて新聞で読むとか、もっと昔は、船便で一か月後に知るとか。つまり、知る速度がものすごく変わってきているわけでしょう。

瞬時に情報が侵入してくること、それがやはり、ぼくらの意識のなにかを変えていると思わざるをえないよね。生活とか、意識の持ちようだとか。

以前は世界から孤立して、コミュニティなり家族なりの周辺の社会だけで完結した構造が安定的だったのだろうけれど、いまはそこに、いきなりグローバルな情報が、視覚的にリアルなかたちで入ってきて、それがさらに細分化されてパーソナルになってきているんだね。

そういう時代だからこそ、社会におけるコミュニティのありかた、身体を介した人と人とのコミュニケーションの意味については、やはりきちんと整理しておく必要があると思う。

いまは、世界がこうなっているということと、私と私の周辺の人たちがこうなっているということに、同時進行で向きあわなければならない。世界がこうなんだから、私たちはこういう結びつきで生きていこう、と考えるような時代。

ぼくが子供のころは、そういう時代ではなかった。こういう変化が、情報の話と深くかかわっていることはたしかだと思う。


いまは個人としての精神的なタフネスが万人に求められる時代で、これはまちがいなく情報化がもたらした変化だという気がします。政治家やタレントがちょっとつぶやいたことが一気に世界中に広がって、けしからんとかもうだめだ、と言われる。一般人ですら、いつネット上で個人としての尊厳を破壊されるかわからない。こういう環境でいかに私というものを保てるか、相当しんどい時代だと思うんです。

そう、私を保てるかということだよな。

その意味では、サイバー上のコミュニティのようなものが、ひとつのツールとして、私というものを保つことに寄与するかどうかが、これから問われてくるのかもしれないね。

一六……この国の将来

内藤先生は、世の中がよい方向に向かっている、と言われましたが、具体的にはどういうことなのですか。

いままでは、勢いのままに経済成長をやってきたわけだけれど、そこに働いていたベクトルというのは、あまり健全ではないとずっと思っていた。だから、その尻馬に乗っかってきた建築の文化も、いかがわしいものだと思っていたわけです。都市や土木も同じ。でもいま、そのベクトルが大きく逆の方向に向きつつあると感じるんですね。それはぼくにとっては好ましい世界だし、みんなのような若い世代が活躍できる時代でもある。

これまでに失ったものがたくさんあるでしょう。たとえばものをつくる精神のようなものが、ほとんど骨粗鬆症のようになっている。だけどそれを、君たちの世代が新しい時代に向けて再構築すればいいと思うんだよ。だから、あまり暗い展望は持っていない。いずれにしても、変わらざるをえないと思いますけどね、この国は。ただ、変わったときにどういう価値を生みだすのか、そこのところをだれも思い描くことができていない。それはこれから、君たちの世代がみんなで必死に考える話だと思う。

すくなくとも、組織的なものはこれから瓦解していくかもしれない。たとえば、スーパーゼネコンの中枢にいる人に、「二〇年後にそのまま今の業態が成り立っていると思いますか?」って聞いてみる。そうすると、ほとんどの人がノーと言いますね。新入社員にはそんな話はしてないと思うけど。大組織の設計事務所も同じ。

つまり、世の中の根っこに近い部分を握っている人たちというのは、このままいくとは思っていない。スーパーゼネコンも、業態変化をするか、分割するか縮小するか、といったことを考えざるをえないし、たぶんそうなっていくでしょう。

巨大な組織設計も、このまま続くとはだれも思っていない。もしかすると、オイルショックのときのように、小さく分社化してノマドみたいに散るかもしれない。

それからね、建設というのは、表層だけ眺めていればひとつの業界にしか見えないかもしれないけれど、じつはこれほど裾野の広い業界はない。つまり、あらゆる人の生活の隅々にまで関与している。だから、建設の世界で起きていることというのは、じつは社会制度の側で起きている問題や経済で起きている問題と、密接にリンクしているわけですね。ようするに、建設業界が変化せざるをえないということは、つまりは社会全体が変質しつつあることなんだとぼくは思います。

でも、時代が変化するスピードはますます加速していて、変化の予兆もあとを絶たない……。

ついに賞味期限が切れた、とでも言えばいいのかな。

つまりね、これまでいろいろとつじつま合わせをしてきたわけです。その場かぎりの。たとえば建設業界の話でいうと、六〇年代であれば、現場でゼネコンのハッピ着て働いている人は、みんなそのゼネコンの社員だったんですよ。下請けも孫請けも、元請けのゼネコンが一〇〇パーセント抱える。下請けの会社は、そのゼネコン以外の仕事はしない。

でも、オイルショックのときになにが起きたかというと、ゼネコンが食わせられなくなったわけですよね、サブコン[*1]や下請け会社を。それで、あなたがた自由に仕事を取ってもいいですよ、取れるところで取りなさい、自分で生きていきなさい、ということになった。

つまり、建設行為の見えない下層で流動化がはじまったのがオイルショック。

だけど、世の中はそうは見ていないんだね。みんなそのゼネコンが工事していると思っている。だけど実態は流動化していて、大きな組織は工事からマネジメントにシフトしていったわけですね。ようするに、オイルショックを皮切りに、建設業界は業態変化した。

そして次に、バブルが起きた。

バブルのときには、今度は仕事がありすぎて、やりきれない。そうすると、それまでは建設業界というピラミッド構造のまんなかあたりが流動化していたんだけど、さらにその下に、多層的な下請けシステムが増えていくわけですね。

だけど、工事の看板はあくまでもゼネコン。働いている人はみんなゼネコンの社員だと世の中は思いこんでいるけど、実態は変わってしまっている。ある種のつじつま合わせを

＊1　サブコン
大手ゼネコンの下請けとして、土木・建築工事の一部を請負う建設会社や工務店のこと。

しているわけだね。

そして、バブルが崩壊した。そうすると、ひとつのものを生みだすのに、多重下請け、場合によっては七次、八次下請けまでいく余剰を抱えた生産システムがおかしい、ということになって、効率化という名の中抜きをやる。

そうしているうちに、今度はミニバブルがあって……。

こんな具合に、そのつどなんとかつじつまを合わせてきたんだけど、ものづくりの仕組みそのものは、外から見るのとはちがって、どんどん中身が空洞化してきている。空洞化した五〇年、ともいえる。もう、ほとんど完全に空洞化しちゃっているから、もうこの先はない。中身があるうちは、つぎはぎしたり、組みかえたりしてしのげるわけだけど。

この状況をどう考えるか、だね。

組織設計も同じ。三年くらい前、ある大手組織設計事務所で講演を頼まれたときの話。「今何人いるの?」と聞いたら、六〇〇〇人と言うわけ、設計するスタッフの数が。そのうち一級建築士が、七〇〇人もいる。

講演のあと宴会になって、やる気のあるやつが一〇〇人ほど集まっている場で、「二〇〇分の一以上の縮尺の図面を描いたことある人いる?」と聞いてみたら、入社してすぐの研修で一回描きましたけど、それ以降は一度もありません、と言うわけ。つまり、全部外注している。巨大な組織が巨大なアウトソーシングをしている。

こんなもの、瓦解しますよね。スーパーゼネコンのなかで起きている話と同じで、つまり実体がない。これはかならず崩れる。

そして、こういう建設の実態を知らない官僚が、法律をどんどんつくっている。五、六年前になるけど、国土交通省で講演を頼まれたときに、現実を知らない人が法律をつくることほど恐ろしいことはありませんね、と言った。「みなさん知っていますか、いま建設現場でなにが起きているのか」と聞いても、ほんとうに知らない。

昔の建設省であれば、官庁営繕というところで、実際に図面を描いている人たちがいた。いまはそういう人たちがいないから、現実の問題をフィードバックする回路がなくなってしまったわけですね。

フィードバック機能を失った行政機関ほど恐ろしいものはない。このあいだの新耐震の問題だとか、建築基準法の改正の問題だとか、これからつくろうとしている建築基本法とか、勘ちがいだらけでしょ。世の中おおいに迷惑しますよね。

企業で起きていることは、じつは役所でも起きていて、役所で起きていることは企業でも起きている、と思ったほうがいい。さらに、建設業で起きていることは、あらゆる産業で起きている、と思ってもいい。

戦後、サンフランシスコ講和条約[*1]で日本が独立国になって以降につくりだされた法制度や社会制度が、どれも空洞化して、張り子の虎になってしまった。それがもう賞味期限切

＊1　サンフランシスコ講和条約
一九五一年、連合国諸国と日本との間で締結された条約。戦争状態の終結や日本国の主権承認、日本国の領域などが定められた。

れ、ということですね。

だから、変わる、と言っているわけ。


そういう危機的状況にもかかわらず、内藤先生がこの国の未来をポジティブに語れるのは、どういうわけなのですか。たしかに、ものづくりの精神にたいする回帰は起こっているのかもしれませんが、一方で、実態として産業がどんどん空洞化していて、とどまる気配がない。両者のあいだには、相当のギャップがあると感じます。


ぼくはね、この国は中程度の危機には直面したほうがいいと思っているんですよ。たとえば明治維新とか、関東大震災[*2]くらいのね。そうしないと目が覚めない体質なんじゃないかな。

そのときに、この国全体が蘇生力を持っているかどうかが問われる。蘇生力がなければつぶれる。

それなら、その蘇生力はどこにあるのか、ということですよね。それは、基本的には文化だとぼくは思っている。

たとえば戦争で負けたあと、日本人全員が英語をしゃべるようになっていたら、たぶん、日本という国の蘇生力は死に絶えたかもしれない。だけどたまたま、わかりにくい閉鎖系

＊2　関東大震災
一九二三年九月一日に関東地方に発生した大地震による災害。東京、横浜を中心に千葉県、茨城県、静岡県東部に至る広い範囲に甚大な被害をもたらし、一〇万人を超える死者・行方不明者を出した。

の言語である日本語という枠組みを保っていたからこそ、蘇生できたのだと思うんだよね。同じように、日本が持っている独特の文化や習慣が保持されたからこそ、経済的な再生もありえた。だってそうでしょう、ものづくりの精神なんて文化そのものなんだから。

たとえば、すこしでも施工の精度をあげていくなんていうことを、だれに言われなくても普通にやる、というのは、文化以外のなにものでもない。経済効率や論理ではないよね。そういう文化の厚みがどのくらいあるか、ということだと思う。

人口減少が進むなかで、ひとつや二つクラッシュはあるかもしれないけど、そのときに、この国が文化の厚みをどれだけ保持しているかということがいちばん大事で、ぼくは、それはけっこうあるんじゃないかと思っている、まわりを見ているとと。文化の厚みは、まだそれほどすり減ってはいない。

それが、ぼくがポジティブでいられる理由ですね。

そう考えれば、この五〇年で使い古されたいまの仕組みなんて、どこかでクラッシュしてもべつに恐るるに足らずだ、と。これはじつは、坂口安吾[*1]が言ったことだけど、ぼくは正しい気がする。

人にたいする考えかたや自然にたいする考えかた、そういうものが保持されているかぎり、ぼくたちの未来は明るい。経済的なクラッシュなんて、たいしたことではない。

ぼくは、そう思っています。

＊1　坂口安吾（一九〇六〜一九五五）作家。従来の形式的な道徳観に反抗して「堕落論」を唱えたことで知られる。無頼派の代表的人物。主著は『堕落論』（一九四六）、『吹雪物語』（一九四七）。

いまの市場原理主義の社会だと、さまざまな消費的な付加価値が次から次へと現れては陳腐化していって、それを延々と繰り返しているわけですよね。生まれては消える無数の価値のなかのいったいどれが、ぼくたちの生をほんとうの意味で助けてくれるのかわからなくなって、なんだか疲れてしまっている。だから、現実にはこんなあぶくのようなものとつきあわざるをえないにしても、そのメンタリティを維持するためには、一本筋の通った価値軸をとりもどす、再構築することが必要だと感じています。たぶんそれが、文化とか言葉ということになるのかな、と思うのですが。

前にも言ったけど、最後の砦は言葉だと思いますけどね。言語から派生するさまざまな行為も含めて。

いま、言葉が乱れているといわれてますけど、ぼくはそれほどでもないと思っている。単純な例だけど、昔から識字率がこれだけ高い国はないわけです。だから、言葉というものがあまねく流通しているということは、まちがいなくいえる。多少乱れてはいるかもしれないけれど、アメリカやヨーロッパに比べれば、それほどまずくはない。ドイツやフランスは言葉にこだわる国だから、すこしちがうけど。

それから消費価値についてだけど、その世界を受け入れて、バカバカしいゲームをあえて闘ってみせる、ということも必要だと思う。だけど、それを文化の基層とうまく切り離

この国が文化の厚みをどれだけ保持しているかということが
いちばん大事で、ぼくは、それはけっこうあるんじゃないかと思っている、
まわりを見ていると。文化の厚みは、まだそれほどすり減ってはいない。

せるかどうかだよね。

ゲームはゲームでおつきあいすればいい。ぼくだってみんなだって、コンビニでおにぎりを買ったりするわけだから(笑)。

だけどそれとはちがう次元で、生きるための基層をしっかり保持しているかどうかが大事。そのあたりがごちゃまぜになってしまうと、どんどん薄っぺらい世の中になっていく気がする。


その二つの次元に引き裂かれて、悩んでいる若者も多いでしょうね。


この国は商業国家になったわけですよ、五〇年かけて。だけど、ベネチアのような賢さを備えているかというと、そうでもない、というところが問題なんだよね。

商業国家なんだから、右へいったり左へいったりする。アメリカが経済的に強ければアメリカのほうに傾き、これからは中国に傾き、あるいはインドに傾き、という具合にやっていくしかないんだけど、その基底に確固とした文化をキープしているかどうか、それだけが問題なんだよね。

その基層に厚みがあれば、べつにどこと向きあってなにをしようがかまわない。戦後であれば、電気冷蔵庫が欲しければ電気冷蔵庫を買って、車が欲しければ車を手に入れて、

２ＬＤＫが欲しければ２ＬＤＫに住む、という具合にね。

ようするに、ある種のアメリカンなものを受け入れつつも、咀嚼していく文化の胃袋というものがあった。だからこそ、すこし薄っぺらかもしれないけれど、ぼくらなりの生活なり都市をつくってきた。その胃袋が丈夫でさえあれば、問題ない。

まだ、みんなの胃袋はそれほど弱ってはいないと思う。期待してますよ。


以前、なにかのシンポジウムで内藤先生が、建築の持っている力、ということをおっしゃっていました。たしかにいま建築は商業主義に漬かっているけれども、空間を体験する人にたいして、ぼくたちの生の基層にある価値のようなものを与えることはできる。建築はそういう力を持っているから悲観することはない。そういう話だったと思うんです。


それほどヒロイックな話ではないけれども、建築が力を持っているということは事実だと思うんですね。

つまり、消費的な価値に置き換えられないものは、消費社会の外にあるわけでしょう。空間であれ、あるいは人と人の絆であれ、消費価値に置き換えることのできないものだよね。それを建築が持っているかぎりはなんの問題もない、と言いたかった。

あるいは、唯物史観[*1]の外側にあるものこそ、その社会に持続している通奏低音というか、

＊1　唯物史観　一九世紀にカール・マルクスが唱えた社会観、歴史観。生産様式が社会を規定するという考えかた。生産力の向上によって生産様式が変化し、新しい社会構造を生みだすとされた。

太い幹のようなものである、ということを、あのときは言いたかったのだと思う。その幹がしっかりしているかぎり、見せかけがどう変わろうといっこうにかまわない、という気分を伝えたかった。

建築というのは、もともとそういうものだと思う。たとえば東大のキャンパスなら、内田ゴシック[*1]なんて、どうでもよかったのかもしれない。そこに生みだされた外部空間や内部空間の空気の質のようなものをぼくらは引き継いでいくのであって、べつに内田ゴシックを引き継いでいるわけではない。

当時のネオゴシック[*2]なんて、消費価値として提示されていたわけだからね。だけど、じつは生き延びてきたのは消費価値ではなくて、その外にあるもの、つまり精神だね。それがあるかぎり、あたふたすることはない、とぼくは思っています。

＊1　内田ゴシック
東京帝国大学教授であり建築家の内田祥三（一八八五〜一九七二）が、関東大震災後の本郷キャンパス復興において採用したネオゴシック的建築様式。

＊2　ネオゴシック
一般に一八〜一九世紀にかけて流行した中世ゴシック建築の復興の動き。イギリスを起源とし、ヨーロッパ各地およびアメリカへと広がった。

一七……若者と教育と

こんなふうに、内藤先生にかくも多くの若者が惹《ひ》きつけられて、語りあうためにやってくるのはなぜだと思いますか。

それはぼくが正直だから(笑)。

もしかすると、世の中でなにが起きているのか、いまなにが問題なのか、なにがほんとうでなにが嘘なのか、ということをもっとも敏感に感じとっているのは若者かもしれない。だから不安になるし、不安だからほんとうのことを知りたいんじゃないかな。ぼくもそうだった。

それに、若者はこれからたくさん未来を生きなければいけないわけだから、自分自身の問題でもあるんだよね。

ただ、感じてはいるんだけど、経験値が足りないので論理化できない。あるいは言語化できない。

ぼくら大人は、経験値は高いけど、感じとるセンサーはかなり落ちてきている。おそらく二〇代を過ぎて、三〇代にさしかかったあたりからガクンと落ちている。そのぶん、経験値でカバーするようになるわけだよね。ぼくの年にまでなると、センサーはほとんど衰えていて、経験値だけで生きているような状態ですよ。

年寄りは、最近の若者はパワーがないとか言うけど、もしかするとそれは、大人が経験値をふりまわして若者たちに蓋をしているだけかもしれない、とも思う。ぼくはどちらかというと、そういう蓋を取ろうとしている。大人や年寄りが、若者がエネルギーを発する道すじをふさがないようにする、そういう世代としての役割を自分に課しているので、そこに共感してくれるのかな。

大人は、若者がなにかやろうとすると、おまえそんなことできるわけないよ、それはこういうことだよ、と言ったりする。悪意はないんだけど、知らないあいだに若者の志の出口に蓋をしている。

もしかすると、じつは心の底では若者が怖いのかもしれないんだよね。若者は未来の当事者だから、いまの世の中を自分のこととして必死に考えている。つまりほんとうのことは、若者たちが感じとっている。だから、年寄りはそれを論理とか経験で押さえつけようとする。

そういう構図がある気がしますね。

内藤先生から見て、この国の未来を託すに足る若者はいますか。

目の前にたくさんいるんじゃない(笑)。

そこについては、最近楽観的なんだよね。かつては悲観的だったけど。

もしかすると、世の中でなにが起きているのか、
いまなにが問題なのか、
なにがほんとうでなにが嘘なのか、ということを
もっとも敏感に感じとっているのは
若者かもしれない。

かつて、というといつごろですか。

東大に勤める前かな。それは、建築の若者ばかりを見ていたからだね。絶望的な様相を呈していたから。

いろいろな大学に呼ばれて、設計演習の講評をするんだけど、学生たちが個性だと思っているものが、薄っぺらな範囲に収まっている感じがして。こいつらもうだめかな、と思った記憶がありますね。

たとえば『新建築』の国際コンペで審査委員をやると、一〇〇〇点ぐらい応募があって、そのうち海外からの応募が一〇〇点くらいかな。残り九〇〇点が日本人。日本人の考えることなんて、ともかく小さな偏差の範囲に収まっているんだ。見れば一秒でわかる。逆に海外からくるものは、いろいろ個性的なんですよ。

日本の建築教育とか建築メディアが、若者の価値観にかなりのプレッシャーをかけているんだろうね。でも、その薄っぺらななかに収まっているやつらもだらしないと思ったし、その囲いから抜けだせないなら未来はないかな、と思った記憶があるね。

その後印象が変わったのは、どういうきっかけですか。

ここのところ建築の若者もすこし変わってきたからね。景気が悪くなって、多様化した。薄っぺらだった層が、すこし膨らんできたかな。まだエネルギーが足りないとは思うけどね。ぼくは土木に来て、建築ではない学生、つまり建築という非常に矮小化されたくだらない価値に執着することのない若者たちと接して、ほんとうによかったと思いますよ。土木は、ぼくが本来考えていた広い意味での建築に近い領域でもあるし、そこで起きていることは、純粋で個性的で、この連中にはあまり失望することはなかったね。

一人ひとりは、自分が矮小化された価値のなかにいるともいないともわからずにやっている。それこそ、数十年後にわかるようなことだと思うんです。ぼくたち若者が、いま自分はどこにいるのか、どうすればわかるのでしょう?

それを言うのは難しいかもしれないな……自分で考えなさい(笑)。

自分がものすごく個性的なことをしているつもりでも、存外あたりまえのことだったり、自分はなんて平凡でつまらないことをやっているんだろうと思いきや、外から見るとてもおもしろかったり、ということがありますよね。自分で自分を客観視できない。

先に話したけれど、一人になる、一人でものに向きあう精神を身につける、ということが大切だよ。

それから、可能であればべつの言語を身につける、ということがあるかもしれないね。ぼくはスペインにいたときにスペイン語の世界に浸ったわけだけど、スペイン語で考えるということは、それまで閉じこめられていた日本語というパラダイムの外に出ることだから。異なるパラダイムのなかに身を置いてみる、ということも大事かもしれない。

だから、海外に行くこともきっと無駄ではないよね。

内藤先生は楽観視している、と言われましたけど、いま、すごく受け身の学生が多いような気がしています。大学は、手とり足とり教えてもらう場ではないのに。

そもそも、大学からなにかを教わろうと思っていること自体がまちがっているよね(笑)。みんないい大人なんだから、自分で勉強しろよ、と言いたい。

むしろ、大学の教師があまり教育者的になってしまうと、逆に若者たちの自由を奪うことになるのかもしれない。そのほうが怖い。

大学の先生を一〇年やってみて、そのあいだにも学生の質は変わっていますか。

あまり変わってない気がするけどね。

みんなに接して、この国も捨てたものではない、と思ったことはたしかだよ。そう思わせてくれたことには、感謝したい。

でも、もっとやってみてもいいんじゃないかな。もっとおやりよ、と感じることもたしかだね。

すこし、生まじめすぎるのかもしれない。きちんと論文出しましょう、とかさ(笑)。

論文を提出することが大事なのではなくて、自分のコアになるような思想なり考えかたを掘りだせるかどうかが、そもそものテーマなわけでしょう。うっかりすると、目的と手段が逆転しているかもしれない。そう感じることは、多々ありますね。

内藤先生が学生のときと比べて、いまの学生は自由ですか。

不自由だね。

前に話したけど、ぼくが学生のときはほとんどロックアウトだから、大学からなにも教えてもらってない。授業らしい授業もなかったし、大学に行くこともなかった。

だからぼくの場合、師匠の吉阪さんから教わった話が八割、九割を占めている。それは、授業で教わるということではなくて、彼の生きかたとか考えかたに触れるということ。

ぼく自身の経験に照らしていえば、大学というのは、社会に出る一歩手前に自分で考える時間を許されている、いわば執行猶予期間。執行猶予を与えられているだけであって、なにかを教えてもらえる場所ではない。

ただね、よく思うのは、ぼくらの若いころと比較するのはまちがっているかもしれない、ということです。

つまりわれわれの時代というのは、社会的な価値が右にいくのか左にいくのかわからない不安定な状況だったので、かえってある種の自由が許されたのかもしれない。だけど、それから三〇年が過ぎて、いまの若者はあのころより生きにくくなってるのかな、とも思うんだよね。なんか真綿で首を締められているような。

だから教える側としては、できるだけその綿を解いてあげたいとは思いますけど、そう簡単にいかないよね。

真綿。制度のことですか。

広い意味での社会制度でしょうね。父母とか家族とか友達とか、そういうものまで含めた社会。

そういう社会からの、みんなにたいする目線とか期待とか、あるべき人生観みたいなものが、みんなの首すじを真綿のように締めあげているのかもしれないね。ぼくが若いころよりも、じとっと、あるいはべたっと。

かわいそうだな、と思うことはある。

以前内藤先生に「大学から教育しても遅いよ」と言われました(笑)。

おまえを見てそう思っただけかも(笑)。

まあ、大学院より大学、大学より高校、高校より中学校、中学校より小学校のほうが大事であることはまちがいないよ。人間としてどう社会や自然と向きあうかというのは、大学で教わることじゃない。

とくに、人間にたいする姿勢なんて、小学生とか、もしかしたらそのもっと手前で教わるべきことかもしれないし、学校ではなくて家庭の役割かもしれない。

日向で小学生相手のワークショップをやったけど、つくづくそう思ったね。あの子たちをどう育てるかというのは、ほんとうに社会的な使命だと思う。

小学校にもすばらしい先生はたくさんいると思うけど、まだ十分ではないかもしれないね、自分の娘の教育をいろいろ見ていると。その足りないところは、学校ではなくて、ほんとうは親がケアする話かもしれない。

以前、子育ては奥さんに任せていたとおっしゃった気がするんですけど……。娘さんにはどういう教育を？

ぼくは、基本は母子だと思うんですよ。男というのは、レヴィ＝ストロース[*1]ではないけど、ほんとうに自分の子供かどうか確認しようがない。DNA検査をやればべつだけど。そういう男の役割というものもある。それは、外の情報を持ってくることだよね。獲物をとってくる、ということと同じ。

地続きの母と子というのは、その場所の情報でしか暮らせないわけだけど、男というのはウロウロ徘徊しているわけだから、外の情報を持って帰ることができる。

たとえば、以前、黒柳徹子さんがぼくをボーイフレンドに選んでくれて、一緒に飯を食った(笑)。そこで聞いた話を家でする。

そのとき徹子さんは、前日ソマリアから帰ってきたばかりで、向こうではエイズで死にかけている子供を抱いて、そのときに子供からこんなこと言われた、そういう話をぼくに向かって延々とするわけ。

それは、彼女が正気に戻る瞬間なんだね。それはとてもよくわかる。

そのときぼくは、こんな質問をした。徹子さんは、昨日はエイズで死んでいく子供を山のように見て、いまこうして贅沢な料理を食べている。このギャップにたいして、心のバ

＊1　クロード・レヴィ＝ストロース（一九〇八～二〇〇九）フランスの文化人類学者。構造主義人類学の中心人物で、アメリカ先住民の神話などを研究対象とした。代表作は『悲しき熱帯』（一九五五）、『野生の思考』（一九六二）など。

ランスをどうとっているのか、と。

それはもう、越えがたい壁のようなものだけど、自己が充実しているからこそその壁に向きあえるのであって、自分の充実がなければとても無理。自分の生活と精神の充実があって、はじめて可能になる。だから、いまわたしがこの場所でおいしいものを食べていることに、矛盾はない。

それが、彼女の答えだったんです。

これは、テレビや新聞から伝わってくるものとはちがう次元の情報じゃない？　こういうことを、できるかぎり家で子供たちに話したつもりです。

だから、男が家に情報を持って帰るということも、育てるうちにはいるかもしれない。できるだけ世の中の真実というものを伝える役割、とでもいうのかな。

もうすこし話をすると、ぼくが小学生とか中学生のころは、戦争から戻ってきた人が教師になっていることが多かったんですよ。

あれはたしか中学校一年のときの先生だったかな。中野先生という国語の先生がいてね。すごく優しい先生だった。

だけど、グレている不良とかを叱るときはめちゃくちゃ怖い。剣道部の顧問でね。

あるとき、ヤンチャな中学生たちが、戦争の話をしてくれ、と先生に頼んで、はじめはいやがっていたんだけど、そのうち話しはじめて。

じつはその先生は、特攻隊の生き残りだったんですよね。仲間が死んで、次の仲間がまた飛び立っていく。そのあたりのすさまじい話をしてくれた。そのときは、すごく大事なものを子供たちに伝えようとしたんだと思うんですよ。

ぼくは思うんだよね。たとえば戦争のようなものがあって、すべてを失って、すべて焼け野原になって、自分は生き残った人間としてなにをするべきか、と考えたときに、きわめて崇高な職業のひとつとして、教育というものがある、ということ。つまり、ある種の信念を持って次の世代を育てる。子供たちに未来がないと、もうどうしようもないわけだからね。ぼくらが子供のころに受けた教育には、そういう人たちの気持ちが含まれていたと思うんだね。

でも、中野先生のような人はもう望むべくもない。そういう世代はいなくなっちゃったわけだから。いまは、先生は安定した職業だとか、そんな雰囲気があると思うんだけど、それはまったくまちがいで、本来教育というのは非常に崇高な職業だと思う。

コロンビアのメデジンのプロジェクトで感じたことは、ぼくが小学校や中学校で感じたことに近い。あそこは教育で町の平和を取り戻そうとしている。あそこでは、教育がきわめて大きな社会的使命を負っているということを、肌で感じた。

都市計画やまちづくりをやっていると、教育は大事だと思います。ただ、実際の行動で子供た

ちになにかしてあげるのは、難しいですよね。


日向で子供たち相手のワークショップをやって、思ったことが二つある。

子供のパワーにはとてもかなわないと思ったことと、とても年中はできないと思ったこと。あまりにエネルギーがすごいので。

あのときぼくと篠原さんと二人で二時間くらい子供たちに向きあって、心底疲れたよね。大学の教育ってなんて楽なんだろう、と二人でつぶやいたのを覚えてます(笑)。

もし、あの世界でまじめにやるとしたら、そういう教育の専属になる必要があるね。片手間では絶対にできない。

だからほんとうは、小学校の先生相手のワークショップをやったほうがよかったのかもしれない(笑)。つまり、小学生の相手は小学校の先生がやることにして、その小学校の先生のためのワークショップをやる。町というのはどういうものか、ということを、教える人に教える。


内藤先生ご自身は一〇年間教育をやってきて、東大やGSユースの多くの若者たちに触れてきましたが、メッセージは十分伝わったと感じていますか。

正直にいうと、わからない。

いちばん大切なことはできてないかもしれない、と思うこともある。

ぼくの考えかたや生きかたは、建築というものに集約されるよね。でも、じつは建築を介して、あまりみんなと深く話をしていないよね。ほんとうは、そこで真剣勝負するほうがいいのかもしれないと思うことはある。

みんなと建築の話をするときは、これはよくないことだけど、知らないうちに手加減している。昔、三〇代の後半のころかな、早稲田で非常勤をやっていたときは、エスキスをしながら、相手の男子学生が泣きましたからね。そいつは能力のある男だったんだけど。

べつにいじめたわけではないですよ。おまえが考えていることはなにか、それと、いま目の前に現れてきているこの案はなにか、ということを対話のなかで浮き彫りにしていくと、最後はどうしようもなくなって、泣くわけ。

エスキスというのは、それが途中段階であれ、当人が考えたことが目の前に置かれるわけでしょう。そうすると、それをあらしめようとした当人の思惑だとか、下世話な考えや野心だとか、場合によっては無意識だとか、そういうものが一瞬でわかるわけですよ。その構図を浮き彫りにしていくと、それを提示している人間自身の醜い部分やよい部分があらわになる。だから、泣きださざるをえなくなるんだね。

でも、それこそがほんとうの意味での教育に近いのかもしれない。つまり、当人の持っている気持ちの深いところをあらわにさせる。その厳しさに向きあってはじめて、デザインという行為が可能になる。それを教えることが、ほんとうは必要だったかもしれない。みんなを泣かせたことはないよね。そういうかかわりかたは、してこなかった。多少後悔があるとすれば、そこのところかな。

一八……近代と死、そして幸せについて

内藤先生は学生のとき、卒業設計で死を扱ったのですよね。

ネクラな学生だったからね(笑)。

あのころは高度成長期のどまんなかで、東京に次から次へといろいろな建物ができていた。だから、建築という価値にヒエラルキーをつけるとしたらどうなるんだろう、ということを考えたんですね。

集合住宅や下水処理場、ごみ焼却場、劇場とかいろいろなものを全部並べてみて、さてどうするかな、と考えているときに吉阪先生のところに相談にいった。親友と徹夜で死について語りあった翌日。その話はしたよね。

あのとき吉阪先生は「君の卒業設計には死のエレメントが足りない」と言った。「君は生きることばかり考えているけど、その反対側に死というものを置いてみたらどうだ」と。

それで結局、生と死を対置して、その象徴として集合住宅と墓地を置いて、施設をずらりと連続的に並べたのが、ぼくの卒業設計。二二、二三歳のときですね。

そのころから、建築や都市と死を結びつけて考えるようになった。

だけど、どうやらぼくは子供のころから、その辺りにこだわる人間だったのだと思う。小学校の低学年のころにはすでに、死ということをしきりに口にしていた。

親父は結核で入院していたし、母親はピアノを教えていて外出することが多かった。そうすると、家に一人で取り残される。叔母や祖母が面倒を見てくれたけど、孤独というか、守られていない感覚、ある種の恐怖というものが、ぼくの原体験としてあるんだね。

　そういう原体験がたまたま、ぼくの親友の事故と吉阪先生の言葉で結びついて、卒業設計になった、とも思う。

「祭りとシンボリズム」という題目で卒業論文も書いたんだけど、いまでもなかなかいい線いっていると思ってる(笑)。村落共同体における生と死の日常的なフォーメーションと祭りのときのフォーメーションがどう変わるのかということを、意味論として論じた。御蔵島[*1]でサーベイをして、図式化して。

　だから、卒業設計だけではなく、卒業論文にも死ということが貼り付いている。

　そのあとヨーロッパを旅行したときも、スペインから中東、インドをまわって日本に帰ってくるときも、集落の墓場がどこにあるかを探すくせがついていて、ずいぶん見た。

　よくよく考えてみれば、みんながヨーロッパへ行ってよく見るカテドラル[*2]なんて、基本的には死に近いタナティック[*3]な場所。生きている人間が死をあがなうという構図を、ヨーロッパはものすごいエネルギーを投入してつくってきているわけですよね。都市構造にも、それが反映されている。ヨーロッパだけでなく、たとえばインドのタージマハル[*4]もすさまじいエネルギーが投じられている。

　そんなことを考えながら日本に帰ってくると、日本ではそういう概念を排除する方向に

＊1　御蔵島
東京の南方約二〇〇キロメートルの伊豆諸島に属する島。島内の多くが原生林であり、二〇〇九年時点で人口三〇〇人弱。

＊2　カテドラル
キリスト教で、各司教区の中心となる大聖堂。司教の座席が設けられていることが特徴。

＊3　タナティック
二六九頁「タナトス」参照。

＊4　タージマハル
インド北部アーグラにあるイスラム教の廟堂。ムガル帝国第五代皇帝シャー・ジャハーンが、王妃のために一六三二年から二二年の歳月をかけて建立。装飾美術の粋を集めた代表的なインド・イスラム建築として有名。

世の中が動いている気がしたんですね。

いま思えば当然のことなのだけど、経済成長の世の中では、もちろん経済が中心。そして経済というのは、とくに自由主義、資本主義経済においては、死のエレメントを排除する方向に進む。死というのはもっとも商品化されにくい価値だからね。

当時は核家族のための郊外団地が山のようにできた。田舎の二男坊が東京に出てきて大学を卒業してサラリーマンになって結婚をして、子供を二人つくって。定年まで働けばローンで家が買えますよ、というのでみんな買って。つまりここに、商品としての敷地とか住宅というものが成立する。

そのとき売る側は、そこで死ねますよ、とは言わないですよね。明日はこんなに幸せになりますよ、と言うわけ。つまり明日すぐにでも幸せになれるという希望が商品になるのであって、最後は幸せに死ねます、と言ったって売れっこない。

そういうふうにしてわれわれは拡大経済をずっとやってきたけれども、ぼくはそういう社会の雰囲気になじめなかったんですね。それってほんとうだろうか、と。

実際に独立をして設計をはじめると、クライアントがやってきて住宅設計を依頼する。そのとき、やはり最初に彼らが求めるのは、明日の幸せなんですよ。そこに流れるであろう、何十年という時間は意識されずに、夫婦の寝室が欲しい、リビングが欲しい、子供部屋がいくつ欲しい、こうなってしまう。たとえば子供なんて、かぎられた小さな面積をあてがわれても育っていくし、いずれは出ていってしまうわけだけれど、そんなことは想定外。

ようするに、公団とプレハブメーカーが生みだしたステレオタイプに、ある意味マインドコントロールされた人たちが、ぼくのテーブルの向こう側に座るというわけです。

ステレオタイプが満たしてくれるのは、いまの瞬間のニーズであって、一〇年後のニーズではない。ましてや二〇年後、三〇年後のニーズではない。

でも、人間は生きながら死んでいくわけだからね。タナティックなエレメントをどうやって組み込んでいけるか、ということは、当然考えるべきことですよね。

基本的に、住むということは変動要素でしかない、というのがぼくの考え。だから、いわゆる間取りをつくらない。もし間取りを決めたとしても、それはあくまでも仮設的なものので、どこまで決めないですむかをいつも考える。

鎌倉の自宅も、ここ三〇年の住みかたは、一〇年おきくらいで変わっている。変わっていないのはキッチンと風呂の位置程度。

ただ、これは自宅だからできることであって、クライアントはそういう考えの人ではない。だからたいへんです。もちろん、要望は聞くけれども、そのつど頭のなかで、そうではないんだけどな、と思いつつ仕事をしてきたわけです。

ようするに、タナトス[*1]を問題にするというのは、経済社会のトレンドと逆向きなんだよね。とくに、高度成長のころはありえない雰囲気だった。いまはここ一〇年、二〇年くら

＊1　タナトス
ギリシア神話における死を司る神。精神分析学者のフロイトは死への欲動をタナトスと呼んだ。

い経済が停滞して、ゼロ成長で、人口も減ってきて、生きるということにも増して、死ぬということ、われわれはいずれ死んでいくんだということを意識せざるをえなくなってきたよね。

ただ、いざそれをどう扱えばいいのかということになると、そのノウハウをこの国は五〇年間育ててこなかった。

かつての日本社会はそのノウハウを持っていた。たとえば、沖縄のライフスタイルのなかにはいまもある。じいちゃん、ばあちゃんへの対処のしかた、古い集落の住宅のつくりかたが、きちんと備わっている。

そういうものを全否定して、明るい未来に向かって走り続けたのがこの五〇年で、そのあいだに死ぬためのノウハウを捨ててしまったので、いまとまどっている、というのが現状。都会であれ、農山村であれ。

人間は生きている間に、絶対に死を経験できませんよね。だから、ぼくらが語る死はどうしても観念としての死でしかない。でも、人間は年を重ねるにつれて、身近な人の死を経験して、自分もだんだん死に接近していく。その過程で死にたいするイメージは変わっていくものでしょうか。

変わっていくね。

それは、学生のころに考えていた死とちがいますか。

学生のときに考えた死は、すごい異物のような、強烈なイメージだった。それが、自分が死ぬ年齢に近くなるにつれて、だんだんなじんできた感じがする。具体的にそういうときが目前に迫ったときには、またいまとはちがう、強烈なものになるのかもしれないけどね。そのときは報告します(笑)。

それから、ここまで生きてくると、親しい友人や身のまわりの人の死がたくさん繰り返される。繰り返されると、慣れてくる。そういう感じはありますね。一昨年親父を亡くしたけど、あまりショックがないんだよね。

ただね、最前線に送りだされつつある、というか当事者になりつつある、ということがわかる。祖母が亡くなって親父の世代が最前線になって、今度は親父やおふくろがいなくなると、いよいよぼくらが最前線、という感じかな。

生きている人間が、死について考えざるをえない、語らざるをえないのは、どうしてでしょう?

いよいよハイデッガー[*1]的になってきたね(笑)。

直接は答えられないけれど、もしある人が死を語るとすれば、その人は非常に正直な人なんだろうね。

資本主義経済は死を排除する。それから、近代が生みだしたモダニティというベクトルも死を排除する方向にいく。まっとうな人間はそのことに気がつくでしょう。

もちろん生きることは大切ですよ。でも、みんなが見ないようにしているものがきちんと見える、そういう思慮を持っている人間は、やっぱり語るんじゃないかと思う。

建築や都市が、しょせんはそれを生みだした人間の相似形なのだと考えると、建築を語るときも都市を語るときも、半分は死が語られなければいけないはずです。

近代以前は、死について考えることが生きている人にとって救いでもあったのかな、と思うんです。いまはこんなに苦しくつらいけれども、死後天国に行くために生き抜こう、だとか。だけど近代合理主義がのしてきて、そういう考えかたを駆逐して、結局、いまを生きている人間はいったいなにによって救われるの?という感じになっている。このことと、死というものがぼくたちの現実から疎遠になっているという事実は、同じことの表裏だという気がします。

基本的には、そのとおりだと思う。

＊1　マルティン・ハイデッガー(一八八九〜一九七六)ドイツの哲学者。人間は死を自覚することで、本来的な生に立ち戻ることができるとした。代表作は『存在と時間』(一九二七)。

以前、建築学科の伊藤毅[*2]先生の話を聞いたとき、おもしろいと思ったのは、中世の死においては生と死の境目がなくて、緩やかに移行していく、ということ。死は突然訪れるカタストロフではなくて、生と緩やかに接続している。

これはありうる話だと思うんですよ。

だけど近代の要素還元主義[*3]的思考は、どうしても切断という概念をともなう。つまり、あるものをエレメントに切り分けて認識していく。死という概念も切り分けられて、それだけでなく、排除されてしまった。

先に話した沖縄では、じいちゃんがぼけていくとみんな喜んで、神様になるプロセスに入った、と集落全体でケアしていく。家族もみな敬う。

沖縄では認知性のうつがほとんどゼロらしいね。普通、認知症になると、半分はうつの症状が出る。認知性のうつというのは、自分が疎外されている、あるいは自分が考えていることができない、ということが原因らしいんだけど、沖縄はうつにならない。

つまり、コミュニティ全体が、死へと緩やかに移行していく認知症の老人のメンタルを補っている。かつての社会というのは、そういうノウハウをいろいろと持っていたはずだと思うんですよね。

それが近代的思考を持ちこんだ瞬間に、切り分けて排除する方向にいく。個々の人間の死だけではなく、建築や都市にたいしても、そういう無意識のベクトルが働く。

＊2　伊藤毅（一九五二〜）建築史家。東京大学教授。『都市の空間史』（二〇〇三）で日本建築史学会賞を受賞。

＊3　要素還元主義　複雑な事物でも、それを構成する個別要素を理解することで、元の事物全体を理解できるとする考えかた。

昔はお寺があって、お坊さんがいてお墓があった。その裏には里山が広がっていて、そういうものが死のメタファーとしても機能していたところがある。でも近代都市になると、墓地は墓地として切り分けて、非常に狭い範囲に閉じ込めるわけですね。だから、ぼくらはあまりそれを日常的に目にすることはない。

あるいは住宅でも、昔は神棚か仏壇があって、一日一回はお線香をあげていた。それだけとってみれば、ひとつの形式的な慣習にすぎないかもしれないけど、自分の生を超えた時間、死と向きあう瞬間というものを、みんなが持っていた。

そういうものが、どんどんなくなっていく。

仏壇があればいいという話ではないけど、仏壇や神棚の代わりにテレビが置かれて、辛気くさいことの代わりに明るい未来の情報をたれ流すわけだよね。

それから、いまの資本主義経済の世の中では、必然的に死や時間の概念が排除されていく。建築であれ自動車であれ、ものが金に換わる瞬間がいちばん効果的であるような、つまり客が商品に対価を支払うときに最大効果を生むような商品ばかりを生みだそうとするのが、資本主義のロジックだからね。だれだって一円でも多く儲けたいわけだから。

だから、これは一〇年後に価値が出ますよ、というつくりかたをしない。マンションやプレハブメーカーの住宅を見ればわかるよね。できあがったときがいちばんピカピカで、そのときにもっとも金が支払われるように姿かたちをコントロールする。

これもやはり、本来あるべき死のエレメントが排除されることによって成り立っている現象だと思う。

就職してアパートに住んで、そのうちマンションを買って、庭付き一戸建てに移る。子供が自立したら、迷惑をかけちゃいけないから老人ホームに入って、そこの病院でみとられて、霊安室に行って、焼き場に運ばれて、最後は骨壺に詰められて郊外の墓地に永久保管される。ここまで要素還元化された人生と空間の関係にたいして、建築や土木の専門家としていったいなにができるのか……。

なにもできないかもしれない。

でもおもしろいことに、この年まで生きていると、ぼくが二〇代に感じていた違和感が、小さくなってきている。時代がそういうふうに変化してきているんじゃないかな。

どういうことですか？

生きることと死ぬことのバランスのとりかたのようなものを、普通の人がわかりはじめている。高度経済成長が生みだした生活ビジョンやライフスタイルが、いかに有効でないかということに、みんなが気づきはじめている。

プランナーや建築家になにができるかというと、来たるべき時代にたいしてビジョンを持って準備することだと思うんだよね。

いよいよ準備段階に入ったかな、という気がする。


人間の生と死を同時に考えることは、すごく大切だと感じますけど、建築がかたちとして死というものに応える、ということが可能なのでしょうか。たとえば、基本的に生を保証する場所として住宅を設計するわけですが、そのときにぼくが設計者として、そこに暮らす人の死にどこまで言及していいのか。あるいは、建築のかたちで応えられるものなのか、そもそも応えてはいけないのか。


残酷な言いかただけど、若者がそこに踏みこむのは無理だね。

残りの時間が五〇年もある人間が、残り時間の少ない人間のメンタリティを理解できるはずがない。

だからまず、わからないということをわかることが大事。

最大限理解しようと努めたうえで、理解できることなんて一割にも満たない、という覚悟を持って向きあうしかない。ぼくが三〇くらいで家を設計したときは、そういう気分だったね。

だから、決めない。

できるだけ決めないというのが、せめてものできること。


それは死にたいして表明する態度を留保するということではなくて……。


理解しようとしないといけないよ。

でも、君が考えるように現実の設計は単純ではなくてね。超えられないものを超えようと努力はするんだけど、超えられないということを結果として受け入れなければいけない。

たとえば、クライアントのすべてを知ろうなんて、他者である以上無理だよ。でも、無理なものを超えようと努力して、設計する。そして、結果としてはやっぱり無理だと思い知らされる。

しかし、超えられないと自覚しながらも超えようとする努力のなかにこそ、設計という行為の思想性があるんじゃないか。結論のないもの、答えのないものを受け入れることも、人間として大切だよ。

まちづくりも同じだと思う。

結論のないもの、答えのないものを受け入れることも、
人間として大切だよ。

東京から出かけていって、どこかの田舎町の、すべての状況と気分を理解できるはずがない。どんなに努力しても、理解できることなんて一割にも満たないかもしれない。でも、その限界を超えようとするところから、なにかが生まれるわけだよね。

東京の専門家が地方の町を訪れると、自然が美しいとか、人情が豊かでいいところだとか勝手に言いますけど、それは傍観者の目線であって、じゃあ住みますかと聞かれたら躊躇するし、覚悟もない。結局偽善ではないか、という気もしてしまいます。

自分が理解できるのはごく一部だという認識を欠いたときに、偽善になるんだろうね。たしか、死について「経験できないものの経験」と言ったのはモーリス・ブランショ*1だったと思うけど、あらゆるものが、そうなのだと思う。理解不能なもの、超えられないものというのはどうしたってあるんだよ。

たとえば彼女とつきあうとき、理解できないけど理解しようとするわけでしょう。仮に理解できたと思ったとしても、実際はごく一部にすぎない。その自覚がないと、二人のあいだで生じることは偽善的になるよね。

限界集落*2にしても自然にしても、もともと理解なんかできっこない。それを知りつつ、理解しようと最大限の努力をすることは、人間として必要なスタートラインだと思う。そ

＊1　モーリス・ブランショ（一九〇七～二〇〇三）戦後フランスを代表する批評家、作家。文学や言語、死などに関する考察を深めたことで知られる。『文学空間』（一九五五）、『終わりなき対話』（一九六九）など。

＊2　限界集落　一般に、人口の五〇パーセント以上を六五歳以上の高齢者が占める集落のこと。二〇〇七年の国土交通省の調査によると、日本には約八〇〇〇の限界集落が存在するとされる。

こからスタートすれば、絶対に偽善にはならないと思う。

その町に住みながら、ということなら共感できるのですけど。こうすれば町は楽しくなるとか言っておいて、じゃあなぜその楽しい町に住まないの?とも思います。さびれた集落に人を呼ぶための計画をつくっている本人は、東京にいて都市生活を楽しんでいて……。

気持ちはわかるよ。でも、意識的な交感をしうる局面はあると思う。たとえば、限界集落の棚田がきれいだ、ということの無責任な発言。だけどね、美しさのなかにはすべてがある、ということもいえる。山がきれいとか、空がきれいと言うことにぜんぜん問題がないのと同じようにね。それは他者として発言しているわけだから。

でもやっぱり、専門家を名乗ってたまに東京から出かけて行って二、三日滞在して、知識や理解が足りない状態で助言したり判断するというのは、嘘のような気がします。

愛さえあれば許されるんじゃない?
たとえばだれかと結婚するときに、相手のことを全部知っているわけではない。でも結果として、その人の人生を大きく変えてしまうわけでしょう。

だけど、好きだったらしかたないよね。

だから、その集落が好きで好きでたまらないんだったら、手を加える権利を持つんじゃない？　それは偽善ではないと思うよ。

ただ、そこに手を加えるアクションを起こそうとするときに、対象の尊厳にたいする謙虚さを欠いていると、傲慢になってしまう。偽善的になってしまう。

たとえば限界集落にたくさん人を呼ぼうなんていうのは、もしかすると老人にバイアグラを飲ませているようなものかもしれないよね。そして、なぜ老人にバイアグラを飲ませるかというと、それは生きることしか考えていない、つまり死にたいするビジョンがないからだと思う。

生きることしか考えてないというのは……？

限界集落はそのままスッと消えてなくなる、という話だってありうるわけじゃない？　安楽死のように。

そのビジョンはまだだれもつくっていないので、だれかがつくるべきだと思う。なぜ、それが語られないのかな、と思うけどね。

ただし、前提は最後の一人が幸せであること。むしろそのほうが、むりやり蘇生させることよりよほど大事なことかもしれないし、難しいかもしれない。

近代的な意味での計画や設計というのは、これをつくれば明るい未来がありますよ、という完成形を示すのが普通ですよね。これが根本的におかしいような気もします。人間が生き続ける以上、町に完成形があるわけがないですし。限界集落だとかまちづくりの問題は、完成する、という前提だか思い込みをとりはらったときに、計画や設計にいったいなにができるのか、ということを問いかけている気もします。

役所は単年度決算で、年ごとに概算要求を出して消化する。これはほとんど、いまのことしか考えるな、ということですよね。そして毎年完成形を求める。設計の完了とか、建物や事業の竣工とか。

建物なら、竣工した瞬間に雑誌メディアによって、それがあたかも達成された価値のように喧伝される。つまり、竣工がひとつのゴールテープだということですよね。

その不自然さを、大部分の建築家は感じていない。建築は竣工した時点から生きはじめると同時に死にはじめる、ということを意識していない。子供であれば、産み落としておいてあとは知らない、というのと同じ。産むまでに興味があって、そのあとは興味がない、と言っているに等しい。

すべてがそうなっているんじゃないかと思うんですね。都市もそうだし、都市計画を業務とするコンサルタントのありかたもそうだし、財務のシステムも行政の予算の執行も、全部そうですすよ。

あらゆるところにそれが広がっている。全部つながっている。きわめて短期的な完成形を求めている。

昔からこうだったかなあ？　そんなことないような気もするけどね。

いま、ぼくらは空間のことしか、かたちのことしか考えていない。だからどうしても、完成形に目がいってしまう。けれど、それを時間の言語に読み替えていけば、いろいろなものの価値のありかたが変わってくると思う。

ことさら老いるような建物をつくる必要もないけれど、空間とともに時間を設計しているんだというつもりになれば、生と死とがバランスよく配置されるような気がするな。


『楢山節考』[*1]という、姥捨山を描いた映画がありますよね。すごく残酷な話なのですけど、唯一の救いとして、捨てにいく息子と捨てられる母の間にお互いの心が通う瞬間がある。ぼくの母は、祖母を一〇年以上介護していて、家庭として幸せな瞬間はほとんどなかったんです。母が唯一幸せを感じられたのが、祖母が突然意識をとりもどして涙を流す瞬間だった。その瞬間、

＊1　『楢山節考』
姥捨山伝説を主題にした深沢七郎の小説。一九五六年、第一回中央公論新人賞を受賞。映画化も二度されている。

人間同士の大切なコミュニケーションが生まれたと思うんですね。結局、瀕死の地方でなにか行動を起こすということは、そういう残酷さを受け入れるというか、目を向けることなのではないかとも思います。残酷さをいかんともしがたく受け入れつつ救いを求める。そういうイメージがあります。

残酷であると感じるのは、観察者の立場だからかもしれないよ。『楢山節考』を描いたのは、近代の目線でしょう。いくら食べものがないにせよ、貧しいにせよ、あのシステムが汎用化した背景には、それにたいして納得するような精神の仕組みというものがあったと思うんだよね。それを、映画や小説といった近代の価値観で描くと残酷に映るだけで、当時は果たして受け入れがたいシステムだったのだろうか。だから、姥捨てが残酷な行為だという意見には、一〇〇パーセントは賛同できない、という気分があるね。

ただ介護の問題はつらい話で、この問題が個人に帰着するというのは、ほんとうはおかしいと思う。健康な状態だって、個人と個人が向きあえば、相当傷つけあうわけだから。沖縄の話みたいに、もうすこし緩やかに社会のなかに吸収していくような仕組みがないものだろうか。

介護は、ここ三年くらいぼくの家も経験してきたからね。現実として、けっしてハッピーではない。でも、そのハッピーでない現実を、想像力に変えていく方法は、かならずあるはずだと思う。

たとえば、ぼくはながいあいだ父親に非常に批判的だったけれど、親父がぼけてから一緒に過ごした時間を通じて、はじめて父親を持ったような気がした。ぼけるにしたがって言葉も意味不明になっていくけれども、本質的な交流があった。ぼくにとって、とても大事な時間を過ごしたように感じています。

だから、もちろん現実にはいろいろ問題があるけれども、マイナスの話ばかりではない。プラスの側面もかならずあると思うんだよね。そうやって読み替えられるような場所のつくりかたとか、思考の展開のしかたはあると思う。

建築や都市の役割を超えているかもしれないけどね。


逆に、息子の背中に乗って捨てられにいく母親が、マンションの一室でだれにも気づかれずにミイラになっていたなんていう現代の話を知れば、なんて残酷な、と思うかもしれないですね。話を聞いていて、きわめてステレオタイプな幸せという言葉と概念がぼくたちを縛っているのかもしれない、と思いました。ぼく自身は、幸せという価値をあまり信じてないというか、頼っていない気がするんです。幸せであろうがなかろうが生きていくしかない、という感覚なのですけれど。

でも、人間同士、気持ちがシンクロしたときは、幸せだと感じますよ。たとえばメデジンの図書館のときのように。

つまり、ぼくたちが勇気を持って決断をしたことにたいして、他者がシンクロしたときというのは、幸せだと思える瞬間だよね。同じことは日向でも起きているし。

大きくシンクロするときもあれば、小さくシンクロする場合もあるけど。

でもそれは、人生そのものが幸せになる、ということではないですよね。

それはわからないよね。

恋愛でも、きみが好きだと思って、相手も好きだとわかったら、嬉しいだろう(笑)。そうやって、他者とシンクロしたときに幸せだと感じるわけだよね。

人生そのものが幸せかどうか、とか考えるのが、そもそもおかしいよね。そうではなくて、精神がシンクロする瞬間をいかにたくさん持てるか、というところが大事なのだと思う。

だからおそらく、介護でずっとしんどい思いをしていたとしても、シンクロする瞬間はありうる、ということですよね。

それは、相手にとっての幸せである可能性もある?

ある。

聞いてみないと、ほんとうのところはわからないけどね。


いまの話は、住宅設計で死をどう扱えるか、まちづくりに専門家がどうかかわれるか、という先の話につながっていますよね。クライアントの人生そのものをこうしたいとか、町そのものをこうしよう、と考えることは傲慢だし、そもそも無理な話なのだけれども、そうではなくて、人間同士、シンクロする瞬間をつくる。その瞬間に、リアルタイムでかかわれるかどうかが、専門家の役割であり、存在意義だということになりますね。


それこそが、他者としての計画者、設計者の喜びなのかもしれない。

それはたぶん、人間の本性だよね。一匹狼では救われなくて、どうしても他者が必要なんだよね。

若者諸君はこれから社会をつくっていくわけだけど、そういうシンクロの瞬間がたくさん生まれるようなら、それはけっこういい社会かもしれないね。


ずっとお話をうかがってきて、内藤先生は最終的に人間というものを信じているのかな、という気がするのですが……。

＊1　岡崎英城
（一九〇一〜一九八九）

政治家。戦前に特別高等警察二課長・部長を務めた。戦後は一九五二年まで公職追放となったが、後に岸信介内閣の官房副長官をはじめ、労働・行政管理・通産の各政務次官などを歴任。

＊2　岸信介
（一八九六〜一九八七）

政治家。一九五七年より内閣総理大臣を務める。タカ派として知られ、新日米安全保障条約の

信じたくなるときは、たくさんありますけどね（笑）。

特定の人を信じるか、それとも総体としての人間を信じるかは、大きくちがいますよね。

三〇歳をすこし過ぎたころ、ギャラリーＴＯＭを設計したときの話だけどね。設計の途中で、隣のマンションの住民がいろいろと注文をつけてきた。それで、ある日渋谷区の建築主事から呼ばれた。

建築主事というのはけっこう偉くて、個別に建築家を呼びだすことなんてない。いったいなにかな、と思って行ったら、一人のおじいさんが座っている。岡崎英城[*1]という人。戦後の黒幕的政治家で、岸信介[*2]の右腕を務めた自民党の国会議員。

あとで話を聞いたら、二・二六事件[*3]のときに特別警備隊長で数年後に特高[*4]の課長をやっていたという人らしい。内務省[*5]の警察官僚ですね。戦後のＡ級戦犯[*6]で最後に出所してきた、いわゆる保守本流右寄りのトップ。エリート中のエリートだね。

岡崎さんはその隣のマンションに住んでいて、とりまとめ役だった。その場では話がつかなかったので、次の日に電話をかけて面談を申し込んだ。会ってみると、近隣マンションの問題はべつにどうということはない、ということになって、そこからどういうわけか、そのおじいさんに気に入られて話しこんだ。

批准を強行したが、生じた混乱の責任をとり、一九六〇年に総辞職。

＊3　二・二六事件
一九三六年二月二六日、日本陸軍の皇道派青年将校らが、天皇親政を目指し、約一五〇〇名の部下を率いて首相官邸などを襲撃したクーデター事件。

＊4　特高
特別高等警察の略称。一九一一年、思想犯罪に対処するために内務省に設置された。第二次世界大戦後、廃止。

＊5　内務省
一八七三年に設置された、日本の内政を一手に掌握した巨大官庁。一九四七年に廃止。

＊6　Ａ級戦犯
第二次世界大戦後に連合国が訴追した日本の重要戦争犯罪人。

そのときに、岡崎さんがこんなことを言った。

一般大衆というのは、一人ひとりは愚かである。しかし、総体としてはきわめて賢い。岡崎さん自身の予想をはるかに超えて聡明である。そして、その聡明さを信じられなくなったときが、自分が政治家をやめるときだ。

そのとき以来、そういう広い意味での人間の聡明さを信じられなくなったら、建築なんかやめたほうがいい、と思うようになった。都市とか土木も同じ。やる資格はない。

一人ひとりを見るとね、勝手なことを言ういやなやつがいたりするけど、総体としての人間、普通の人たちが聡明であると信じればこそ、いくつもいくつも模型をつくったり、一所懸命に説明をしたり、徹夜をして考えたり、いろいろと努力をするわけでしょう。

総体としての人間というものを信頼できなくなったら、たぶんそれが、ぼくが建築をやめるときかな、と思っています。

ぼくたちが勇気を持って決断をしたことにたいして、他者がシンクロしたときというのは、
幸せだと思える瞬間だよね。……人間の本性だよね。
一匹狼では救われなくて、どうしても他者が必要なんだよね。

結びにかえて

内藤 廣

若者の質問に答えるのは難しい。いつだって若者の問いかけは真剣だ。だから、言葉に慎重でなければならないし、それでいて自らの心に照らして嘘はつけない。何気なく発した言葉が、その人の人生を変えてしまうことだってありうる。事実、わたしがそうだった。わたしの恩師である吉阪隆正は、カリスマ的な雰囲気を持った人で、迷ったときは良心の声を聞け、などというわけの分からない言葉をわたしの脳裏に残して、それについて質問する間もなく鬼籍に入ってしまった。わたしには恩師のようなカリスマ性はないが、そのかわり真剣な問いに一所懸命答える時間が与えられている。

わたしは自分のことを凡庸な人間だと思っている。わたし自身を若者の前にさらけ出すことは、この程度の能力でもやりかた次第ではそれなりに充実した人生をおくることができる、という励ましくらいにはなるはずだ。力不足を感じながらも、なんとか答えようとする様が、この問答集にはよく現れている。

本編でも触れられているが、言葉の背後には、声の質や抑揚、さらにはその人の人格や品性が貼り付いている。言葉は、人と人との一期一会の時空を行き交うのである。だから、それを書き文字にして、どれほどそこで交わされた真意が伝わるのか心配だった。しかし、そこのところはほんとうによく編集されている。若者がわたしを囲んだ質問集会は四回におよび、それを要約するかたちでまとめられたものだから、ここには中井教授をはじめとする研究室のメンバーで構成された編集スタッフの英知がつまっている。わたしの言わんとしたところをうまくすくい取ってもらい、さらに要約し凝縮してくれている。多大な労苦に感謝したい。

恩師の家の玄関前の壁に掲げられていた禅の詩句がある。

「心隨萬境轉　轉處實能幽　隨流認得性　無喜亦無憂」

大意は、心は周囲の環境によって変わるものだが、流れに従って心を合わせていけば、喜びも憂いもない……といったところだろうか。

これでは物足りないと思ったらしく、恩師はその脇にもうひとつ言葉を刻んだ。こちらはラテン語の格言だろう、〈AUDOCES FORTUNA JUVAT〉、とある。「大胆であれば幸運を摑む」ということらしい。

二つ合わせると、柔軟でしなやかな思考を持ち、肝心なときには大胆であれ、というメッセージだ。この言葉をそのまま今の若者に送りたい。

思い返せば、わたしは流される中で自分を変えようとしてきた。東京大学に勤めたのは、そこに引き寄せられる流れの中で自分を変えたかったからであり、そこで変わっていく自分の思考を楽しんでもいた。しかし一方で、大胆であろうとした。幸運を摑んだかどうかは分からないが、専門外の土木に籍を置いたことも、出身母校でもないのに副学長としてキャンパス計画に関与したことも、ずいぶんと大胆な選択をしたものである。向こう見ずの度胸だけは生来のものだ。

人は与えられた生を生きるが、所詮、人のやれることは限られている。さりとて、自らの生に対して傍観者であるのはもったいない。生きる時間は存外長い。与えられたものなら、使い切るのも気持ちのよいものだ。魂を燃やす、という言葉が好きだ。若い諸君には、魂を燃やし尽くすような生の時間を生きてほしい。長いようで短く、また、短いようで長い一〇年間だった。やり残したことは多々あるが、これも運命。わたしなりに魂を燃やし尽くしたつもりだ。

最後に、わたしにこういう数奇な運命を与えてくれた篠原修教授に心から感謝したい。東大によばれてからの一〇年、充実した時間でした。中井祐教授、この間、素人教師をよく支えてくれました。ありがとう。後はすべて託します。いつも冷静な判断を示してくれた福井恒明准教授。われらが諸葛孔明でした。そして、わがままで気難しいわたしを秘書として支えてくれた深瀬玲子。彼女なしには講義を三冊の本にまとめられなかった。深甚の礼を言いたい。お疲れさまでした。前途有望な助教の二人、川添善行と尾崎信には、感謝とともに新しい地平を切り開く希望を託したい。本をデザインしてくださった工藤強勝さん、編集してくださった川嶋勝さん、原稿をチェックしてくれた事務所の小田切美和さん、お世話になりました。

そして今回の対話に参加してくれた若者たち。君たちの希望の中にこの国の未来のすべてがあります。健闘を祈ります。

編集を終えて

南米の星空の下、ホテルのプールサイドのレストランで、私は内藤さんからいろいろなことを聞いた。それは、コロンビアのベレン公園図書館の工事現場を朝から見てまわった夜のことだったと思う。プロジェクトに起こりうるすべての事柄を追い切れるだけの強靭な意思、それを裏打ちする知力、それらをささえる体力。自分がなすべきことを見失わないための胆力。話の順番は違えども、およそ建築家に必要な能力について、忘れてはならない心構えについて、静かな口調ながらも、その力のこもった教えに時間を忘れて聞き入った。その日の夜空の美しさとともに、今でもその濃密な時間をよく思い出す。設計には建築家の人格が何らかのかたちで必ず投影される。設計という作業は、およそ全人格的な営為である。設計教育の多くが徒弟制度のような形式をいまだに有しているのも、芸術、文学、技術、経験、多くのことを一人の人格から別の人格へと継承する必要があるからだ。

今回の対話。内藤さんの名言録を収集しようとしたわけではない。対話に参加したおもに二〇代（すこし三〇代、わずかに四〇代）と同じ時期に内藤さんがなにを考え、どう行動したのか。われわれ自身の「いま」をぶつけながら、何十年か前の当時の内藤さんがなにを考えていたのか思い出してもらおうと企画した。私はいま、悩んでいる。答えのない悩みかもしれない。自分とはなにか。どこに向かおうとしているのか。それはきっと、私と同世代の友人たちも直面しているはずだ。その答えを教えてもらうのではない。内藤さんとの対話を通じて、この本の編集を通じて、自分自身で見つけたいと思っている。その答えはいまだにはっきりとはしないが、いま、明日からまた歩いていける勇気だけは手にすることができたようだ。

内藤さんに比するべくもないが、私自身設計事務所を営む者として、建築家として生きることと、大学の教員として教鞭をとることのバランスの難しさを思い浮かべることはできる。いまこの一瞬にすべての気力と体力を集中させなければ乗り切れない実務の世界と、向かいあう若者の一〇年後、この国の一〇〇年後のためになにをなすべきかが問われる教育の世界とは、思考方法がまったく異なる。短距離走と長距離走とで使う筋肉の種類が異なるようなものだ。だが、それをまったく別々のものとしてではなく、ひとつの連続した思考としてとらえることができること。それが内藤さんのすばらしいところだ。すべての言葉や行動が、自分自身の信念と経験に基づいている。その揺るぎなさが、内藤さんへの信頼感につながり、その裏打ちの厚さが、内藤さんの言説の重さとなっている。立場によって自分を変えるのではない。自分という存在にどのように向きあい、自分自身にどれほど挑戦できるのか。そのことが、内藤さんにずっと通底してあるからだろう。

自分の生きかたを大きく変えるような師と出会えることは、誰しもに訪れる幸運ではない。その意味では、私はほんとうに恵まれている。私を含め、この対話の場に集まった私たちがこれからなにを考え、なにをなしうるのか。それこそが、内藤さんというすばらしい師に出会えた運命への恩返しである。

川添善行

二〇一一年二月

内藤廣 年譜

西暦	年齢	経歴	主な作品	主な著書・論文	社会
1950	0	・8月26日、神奈川県横浜で、父・晃、母・ゆり子の長男として生まれる			・第二次世界大戦終結(45) ・サンフランシスコ講和条約、日米安全保障条約の調印(51) ・高度経済成長期の幕開け(55) ・東京オリンピック(64) ・ベトナム戦争に米軍介入(65) ・文化大革命開始(66)
1968	17	・進路について、母親の実家の隣に住んでいた山口文象に話を聞きにいく			
1969	18	・神奈川県立湘南高等学校卒業			・東大安田講堂攻防戦(69) ・アポロ11号月面着陸成功(69)
1970	19	・早稲田大学理工学部建築学科入学。すぐに大学をやめようと考えるが、山口文象			・七〇年安保闘争(70) ・日本万国博覧会(70)

		に吉阪隆正の存在を聞き、思いとどまる	・三島由紀夫事件（70）
1971	21	・『a＋u』（71年8月号）の特集でフェルナンド・イゲーラスに出会う	・ニクソン・ショック（71）
1973	22	・吉阪隆正に師事。卒業論文では「生と死」をテーマに研究を行い、卒業設計では村野賞を受賞する	・あさま山荘事件（72） ・第一次オイルショック（73）
1974	23	・早稲田大学理工学部建築学科を卒業	・ベトナム戦争終結（75）
1975	24	・『新建築』の月評で連載。磯崎新批判をし、「あいつはけしからん」と反論を受ける	・スペイン王政復興（75）
1976	25	・早稲田大学大学院修士課程を修了。スペインに渡り、フェルナンド・イゲーラス建築設計事務所に入所。2年間勤める	
1978	28	・半年かけて中東やインドを旅行しながら帰国	・イラン革命（78）
1979	29	・吉阪隆正の計らいにより、菊竹清訓建築設計事務所に入所。2年半勤める	・第二次オイルショック（79） ・ソ連がアフガニスタン侵略（79）

西暦	年齢	経歴	主な作品	主な著書・論文	社会
1981	31	・九段下に内藤廣建築設計事務所を設立			
1984	34	・「六本木WAVE」のデザインコミッティに参加する ・「志摩芸術村プロジェクト」に参画する	・ギャラリーTOM◆1 ・住居No.1 共生住居	「見えざる目が凝視するふたつのテクスチュア」（新建築8407） 「器としての住居論」（新建築8408）	
1985	35	・「海の博物館」の設計を開始する			・科学万博（つくば'85）（85） ・プラザ合意（85）
1986	36	・早稲田大学非常勤講師（88年3月まで） ・ルイス・カーンの建築に出会う		「岐路にたつ選択」（吉阪隆正集4）	・東京を中心に地価高騰、バブル経済（86）
1987	37	・「海の博物館・収蔵庫」が上棟し、家族を連れて見にいく。設計でやっていこうと自覚した瞬間		「空間から空間へ」（住宅特集8702）	・ニューヨーク株式市場大暴落（87）
1990	40	・早稲田大学芸術学校非常勤講師（95年3月まで）		「ゆっくりと流れる時間を収蔵する」（新建築9007）	・ベルリンの壁崩壊（89）
1991	41			「時の不在—新たなる建築のリアリティをめぐって」（住宅特集9112）	・湾岸戦争突入（91） ・ソ連崩壊（91） ・バブル経済崩壊（91）

1992	42		・海の博物館 ◆2	「建築の素形」（新建築9201） 「失われた時を求めて」（新建築9211）	
1993	43	・「海の博物館」で、芸術選奨文部大臣新人賞、日本建築学会賞、第16回吉田五十八賞を受賞	・志摩museum 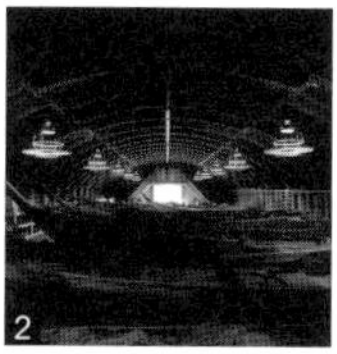 2	『海の博物館』（写真集） 「リアルの所在」（新建築9304）	
1994	44		・住居Ｎo.14 筑波・黒の家 ・住居Ｎo.15 杉並・黒の部屋		
1995	45	・アルヴァー・アールトの建築に出会う		『素形の建築』（ＩＮＡＸ出版） 「住宅という神話」（住宅特集9502） 「原点としての共生住居」（住宅特集9511）	・阪神・淡路大震災（95） ・地下鉄サリン事件（95） ・円高騰１ドル＝79.75円（95）
1996	46	・「旭川駅プロジェクト」で、駅の設計者として参画する。この時、篠原修（当時・東大教授）と出会う ・モンゴル・ゲル研究会に参加する	・住居Ｎo.18 伊東・織りの家 ・住居Ｎo.19 金沢の家	『建築文化　シェルタリング・アース』（彰国社）	
1997	47		・安曇野ちひろ美術館 ・うしぶか海彩館 ・茨城県天心記念五浦美術館 ・住居Ｎo.21 千歳烏山の家	『建築文化　サイレント・アーキテクチュア』（彰国社） 「倉庫のようなもの…」（新建築9706）	・山一證券経営破綻（97） ・地球温暖化防止京都会議（97）

西暦	年齢	経歴	主な作品	主な著書・論文	社会
1998	48	・東京大学土木工学科非常勤講師（01年3月まで） ・「日向市駅プロジェクト」で、駅の設計者として参画する	・古河総合公園管理棟 ・長野今井ニュータウンC工区 ・リストランテ・マッカリーナ	「物質と精神の相克」（INAX REPORT No.134） 「隠れていく迷宮」（新建築9808）	・携帯電話の普及（90年代後半）
1999	49	・東京大学建築学科非常勤講師（01年3月まで）	・国立台湾史文化博物館 卑南文化公園 遊客服務中心施設 ・十日町情報館◆3 ・牧野富太郎記念館◆4	『安曇野ちひろ美術館』（写真集） 『建築のはじまりに向かって』（王国社） 「支えとしての構築的方法」（新建築9911） 「重力と風と」（新建築9912）	・欧州11か国に単一通貨ユーロ導入（99）
2000	50	・「牧野富太郎記念館」で第13回村野藤吾賞、IAA国際トリエンナーレ グランプリを受賞	・住居No.22	『牧野富太郎記念館』（写真集） 「伏せる様態」（建築文化0002） 「スーパー・リージョナリズムに向けて」（新建築NODE 0011）	
2001	51	・篠原修の要請を受け、東京大学大学院工学系研究科社会基盤学専攻景観研究	・倫理研究所富士高原研修所 ・雅樂倶・茶室（改装）	「新しい価値の創造に向けて」（建築雑誌、土木学会誌0110）	・アメリカ同時多発テロ事件（01）

	2003	2002	
	53	52	
	・篠原修とエンジニア・アーキテクトの仕事を紹介する「GROUNDSCAPE展」を開催◆5  5	・助教授から教授へ昇任（12月）	室の助教授に就任する（4月） ・コンペ19連敗を脱し、「島根県芸術文化センター」の設計競技で最優秀賞を獲得する ・「牧野富太郎記念館」で第42回毎日芸術賞を受賞
	・苫田ダム管理庁舎	・フォレスト益子 ・ちひろ美術館・東京 ・九谷焼窯跡展示館	・最上川ふるさと総合公園センターハウス
	『建築の終わり』（共著・TOTO出版） 「火炎の流れ」（新編 山口文象 人と作品） 「不完全さと想像力」（ZEAMI02） 「見えない廃墟を越えて」（廃墟から再刊9号） 「地形と物質」（新建築0307）	『倫理研究所 富士高原研修所』（写真集） 『JA46 内藤廣』（新建築社） 「意気地なしの建築」（新建築0205） 「つまらなくて価値のあるもの」（新建築0211）	「形態から仕組みへ」（新建築0111） 「空気と固有の場所」（GA JAPAN53）
	・イラク戦争勃発（03） ・六本木ヒルズオープン（03） ・「美しい国づくり政策大綱」発表（03）	・国内インターネット普及率が50％を突破（02）	・アフガニスタン紛争にアメリカと連合国軍が介入（01）

西暦	年齢	経歴	主な作品	主な著書・論文	社会
		・21世紀COEプログラム「都市空間の持続再生学の創出」において、土木・建築・都市の橋渡しに尽力する ・「高知駅プロジェクト」で、駅の設計者として参画する ・第4回織部賞を受賞			
2004	54	・「第1回GROUNDSCAPE DESIGN WORKSHOP」を開催	・みなとみらい線馬車道駅 ・ギャラリー册 ・倫理研究所船橋社宅 ・住居No.27	『グラウンドスケープ宣言』（共著・丸善） 『建築的思考のゆくえ』（王国社） 「大切なものほど分かりにくい」（建築雑誌0411）	・景観法公布（04） ・新潟県中越地震（04）
2005	55	・篠原修とともに「GSデザイン会議」を発足する ・COEプログラムの一環として、研究室でコロンビア・メデジンの図書館の設計に取り組む —東京駅丸の内口周辺トータルデザインフォローアップ会議委員	・島根県芸術文化センター◆6 ・リバーリトリート雅樂倶ANNEX  6	「建築に何が可能か」（新建築0510） 「インナースケープを探して」（ディテール別冊0511）	・日本国際博覧会（愛・地球博）（05） ・耐震強度偽装事件（05） ・日本の人口が1899年の統計開始以来初の自然減（05）

2006	56	・前任の篠原教授が定年退職し、以後五年間、長として研究室をまとめる。内藤教授、中井祐助教授、秘書（山田洋美、深瀬玲子）という体制 ・研究室で墓地プロジェクトに取り組み、樹木墓地「宙」「木立」「風の杜」が完成 ・「島根県芸術文化センター」でInternational Architecture Awardを受賞 ・「牧野富太郎記念館」で土木学会デザイン賞2006最優秀賞を受賞 —東京都景観審議会計画部会専門員 —渋谷駅中心地区まちづくりガイドライン検討会委員。以降、渋谷駅周辺のまちづくりの指揮を執る	・二期倶楽部 七石舞台【かがみ】 ・とらや御殿場店	『内藤廣／インナースケープのディテール』（彰国社） 『建土築木1 構築物の風景』（鹿島出版会） 『建土築木2 川のある風景』（鹿島出版会）	・ライブドア・ショック（06）
2007	57	・グッドデザイン賞審査委員長に就任し、以後3年間務める ・「苫田ダム管理庁舎」で土木学会デザイン賞2007最優秀賞を受賞 ・「日向市駅」で第52回鉄道建築協会賞国土交通省鉄道局長賞を受賞 —山代温泉総湯整備委員会「湯の曲輪」再生計画 アドバイザー	・とらや東京ミッドタウン店 ・とらや工房	『内藤廣対談集 複眼思考の建築論』（INAX出版） 「これがほんとの悪戦苦闘、日向物語」（都市＋デザイン26） 「建築に思想はあるか」（思想0704）	

西暦	年齢	経歴	主な作品	主な著書・論文	社会
2008	58	・「メデジン市ベレン公園図書館」が完成◆7  7 ・アーバン・エキスポshibuya1000の実行委員長を務める ・コロンビアの建築家「ロヘリオ・サルモナ展」開催に尽力 ・「日向市駅」で第10回ブルネル賞を受賞 ・「高知駅」で第7回日本鉄道賞 ランドマークデザイン賞を受賞 —文京区景観審議委員会委員長 ・川添善行を景観研究室助教に迎える ・福井恒明が東京大学（GCOE）の特任准教授に就任	・日向市駅◆8 ・住居No.34  8	『構造デザイン講義』（王国社） 「建築の力」（新建築0806） 「都市戦略としてのデザイン」（都市計画0812）	・世界金融危機（08）
2009	59	・学内のキャンパス計画室長に任命され、東大キャンパス計画の再編を計る ・尾崎信を景観研究室助教に迎える	・高知駅◆9 ・平岡篤頼文庫 ・山代温泉「新総湯」  9	『GS群団総力戦 新・日向市駅』（共著・彰国社） 『建築のちから』（王国社）	・衆院選で民主党が大勝、政権交代（09）

	2010	2011
	60	61
	・中井准教授が景観研究室の教授に昇任 ・副学長（キャンパス計画担当）に任命され、「キャンパス計画要綱」の改正を行なう ・「島根県芸術文化センター」で第12回公共建築賞・特別賞を受賞 ―ギャラリー・間　運営委員会　運営委員	・東京大学を定年退職。この時点で景観研究室は内藤教授、中井教授、福井特任准教授（GCOE）、川添助教、尾崎助教、深瀬秘書、学生25名（博士3、修士15、学部7）の31名であった
	・虎屋京都店 ・とらや一条店（改装） ・和光大学E棟 ・練馬区立牧野記念庭園	・旭川駅（進行中）◆10  10
	『内藤廣対談集2　著書解題』（INAX出版）	『環境デザイン講義』（王国社） 『内藤廣　NA建築家シリーズ03』（日経BP社）

写真7：新建築社
ほかすべて内藤廣建築設計事務所

本書は、二〇一〇年に四回行った対話の記録を編集し再構成したものです。
対話に参加してくれた景観研究室をはじめＧＳユースの若者諸君、および編集作業にご協力くださった方々のお名前を以下に記して、謝意にかえさせていただきます。

編者一同

開催日時（いずれも二〇一〇年）

第一回	四月一七日	於景観研究室
第二回	七月三日	於共生住居
第三回	九月一〇日	於内藤教授室
第四回	一一月二三日	於景観研究室

対話に参加した若者たち、八四名（敬称略、以下同）

赤井朋子	安藤達也	飯田哲徳	飯田勇介
飯沼伸二郎	石川真衣	泉　知行	伊藤啓輔
井上裕史	李　鶴燮	ウジョンビョム	海野一希

大谷友香
荻原知子
門谷聡一郎
木内俊克
久保寺亮介
金野拓朗
佐多祐一
下田明広
高木舞人
田中 毅
土橋 悟
内藤 歩
中野雄大
西村亮彦
福角朋香
松宮かおる
森村佳浩
山田敬太

大橋良乃介
長田喜晃
金井雄太
貴志法晃
玄田悠大
崎谷明恵
島田かおり
常 方圓
高野愛子
田中雅之
手島史恵
永井友梨
中村晋一郎
林 佑紀
前田翔三
光永理人
門前敏典
山田 裕貴

大藪善久
小野田祐一
亀田佳明
喜多 裕
河野 健
崎谷浩一郎
嶋津香織
関野らん
高浜康亘
棚橋 玄
照井丈大
中島 穣
永山 悟
東尾明季
真角広樹
宮村綾乃
山口佑子
吉田 正哉

岡田裕司
加藤俊介
亀山千佳
木下康理
近藤真由子
崎谷萌維
島津 翔
ダオキンアン
高柳誠也
崔 静妍
トランダイギア
中野秀樹
並木義和
黄 露
松井哲平
麦田 綾
山下尚志
渡邉 加奈

文字おこし

安藤達也　飯田勇介　大橋良乃介
荻原知子　門谷聡一郎　金井雄太
亀田佳明　河野健　金野拓朗
佐多祐一　常方圓　高浜康亘
高柳誠也　棚橋玄　内藤歩
永井友梨　中島穣　山下尚志

脚注作成

伊藤啓輔　尾崎信　長田喜晃
島津翔　棚橋玄　永山悟
前田翔三　渡邉加奈

写真撮影

金野拓朗　山田裕貴

校正

中神直子

DTP

舟山貴士

年譜作成

小田切美和　深瀬玲子

企画・編集

尾崎信　川嶋勝　川添善行

工藤強勝　中井祐　深瀬玲子

福井恒明

造本・デザイン

工藤強勝　渡辺和音

語り

内藤廣

編者略歴

東京大学 景観研究室
東京大学大学院工学系研究科社会基盤学専攻(旧土木工学専攻)を構成する研究室のひとつ。一九九三年、土木における景観・デザイン分野の確立と充実のため、篠原修を初代教授として発足。二〇〇六年三月の篠原の定年退職以降、内藤廣が二代目として主宰。二〇一一年四月より、篠原、内藤を中井祐が引き継ぐ。

中井 祐 Yu Nakai
一九六八年愛知県生まれ。一九九三年東京大学大学院修士課程修了(測量研究室)。アプル総合計画事務所、東京工業大学助手、東京大学大学院景観研究室助手、同専任講師、同准教授を経て、二〇一〇年四月より同教授。専門は景観論、公共空間のデザイン、近代土木デザイン史。

福井恒明 Tsuneaki Fukui
一九七〇年東京都生まれ。一九九五年東京大学大学院修士課程修了(景観研究室)。清水建設、東京大学大学院景観研究室助手、同専任講師、国土交通省国土技術政策総合研究所、東京大学大学院都市持続再生研究センター特任准教授を経て、法政大学デザイン工学部教授。専門は都市景観、景観行政。

川添善行 Yoshiyuki Kawazoe
一九七九年神奈川県生まれ。二〇〇四年東京大学大学院建築学専攻修士課程修了(二〇〇八年社会基盤学専攻博士号取得)。東京大学国際都市再生研究センター、同大学院景観研究室助教を経て、同大学生産技術研究所准教授。空間構想一級建築士事務所。主な建築作品は、東京大学総合図書館、望洋楼、四国村おやねさん。

尾﨑 信 Shin Osaki
一九七八年鳥取県生まれ。二〇〇五年東京大学大学院修士課程修了(景観研究室)。アトリエ74、東京大学大学院景観研究室助教、松山アーバンデザインセンターディレクター、東京大学大学院新領域創成科学研究科特任研究員を経て、二〇二三年四月よりネイバース株式会社代表取締役。専門は都市・地域計画。

深瀬玲子 Reiko Fukase
一九八一年神奈川県生まれ。二〇〇四年武蔵工業大学工学部建築学科卒業。東京大学大学院景観研究室秘書を経て、University College London建築史コース修了後、二〇一七年まで国立近現代建築資料館勤務。

工藤強勝 Tsuyokatsu Kudo
一九四八年岩手県生まれ。一九七三年桑沢デザイン研究所卒業。グラフィックデザイナー。一九七六年デザイン実験室設立。首都大学東京システムデザイン学部教授、同大学客員教授を経て、二〇二〇年四月より桑沢デザイン研究所 第十一代所長に就任。著書に『デザイン解体新書』(ボーンデジタル)、『文字組デザイン講座』(誠文堂新光社)など。二〇二三年逝去。

内藤 廣　Hiroshi Naito

一九五〇年神奈川県横浜生まれ。一九七四年早稲田大学理工学部建築学科卒業、一九七六年同大学大学院修士課程修了。フェルナンド・イゲーラス建築設計事務所（スペイン・マドリード）、菊竹清訓建築設計事務所を経て、一九八一年に内藤廣建築設計事務所を設立。二〇〇一年東京大学大学院工学系研究科社会基盤学専攻助教授（景観研究室）、二〇〇三年同大学大学院教授。二〇一〇年同大学副学長。二〇一一年退官。同年より同大学名誉教授。二〇二四年四月より多摩美術大学学長。

主な建築作品は、海の博物館（一九九二）、安曇野ちひろ美術館（一九九七）、牧野富太郎記念館（一九九九）、倫理研究所富士高原研修所（二〇〇一）、島根県芸術文化センター（二〇〇五）、日向市駅（二〇〇八）、静岡県草薙総合運動場体育館（二〇一五）、富山県美術館（二〇一七）、とらや赤坂店（二〇一八）、高田松原津波復興祈念公園国営追悼・祈念施設（二〇一九）、東京メトロ銀座線渋谷駅（二〇二〇）、紀尾井清堂（二〇二一）など。

著書に『グラウンドスケープ宣言』（共著、丸善）、『構造デザイン講義』『環境デザイン講義』『形態デザイン講義』『場のちから』（以上、王国社）、『建土築木1　構築物の風景』『建土築木2　川のある風景』（以上、鹿島出版会）、『内藤廣の頭と手』（彰国社）、『内藤廣の建築1992-2004　素形から素景へ1』『内藤廣の建築2005-2013　素形から素景へ2』（以上、TOTO出版）、『建築の難問』（みすず書房）、『建築家・内藤廣　BuiltとUnbuilt　赤鬼と青鬼の果てしなき戦い』（グラフィック社）などがある。

内藤《ないとう》 廣《ひろし》と若者《わかもの》たち　人生をめぐる一八の対話

発行　二〇一一年三月二〇日　第一刷
二〇二四年四月二〇日　第七刷

編者　東京大学景観研究室 ©
発行者　新妻 充
発行所　鹿島出版会
〒一〇四―〇〇六一　東京都中央区銀座六―一七―一　銀座6丁目―SQUARE 七階
電話〇三―六二六四―二三〇一　振替〇〇一六〇―二―一八〇八八三
印刷　三美印刷
製本　牧製本

ISBN978-4-306-09411-6 C0037 Printed in Japan

本書の内容に関するご意見・ご感想は左記までお寄せください。
URL: https://www.kajima-publishing.co.jp
e-mail: info@kajima-publishing.co.jp

造本設計データ

判型	天地210mm×左右132mm（A5判変型）
総頁数	320ページ
製本	並製本、本文糸かがり綴じ、角背、タイトバック、見返しあり
ジャケット	クラフトペーパー プレーン、ハトロン判（900×1200mm）、T目、129.5kg（特種製紙） オフセット・特色1色刷［マットスミ］
表紙	ボンアイボリー＋、四六判、T目、26.5kg（王子製紙） オフセット・特色1色刷（TOYO CF 11035／パールブルーグレー）
見返し	クラフトペーパー プレーン、ハトロン判（900×1200mm）、T目、129.5kg（特種製紙）
本文	オペラホワイトマックス、A判、T目、39.5kg［四六判、Y目、62kgベース］（日本製紙） オフセット・特色1色刷［マットスミ］
帯	OKブリザード、四六判、Y目、103kg（王子製紙） オフセット・特色1色刷［マットスミ］＋油性OPニス・2度刷

書体
秀英初号明朝H（大日本印刷）
かな民友明朝（モリサワ）
本明朝M（リョービ）
本明朝EⅡ（リョービ）
ゴシックMⅡ［新がな］（リョービ）
ゴシックB［新がな］（リョービ）
ゴシックEⅡ［新がな］（リョービ）
モトヤゴシック4（モトヤ）
モトヤゴシック5（モトヤ）
モトヤゴシック6（モトヤ）
新聞特太ゴシック体（写研）
Adobe Garamond Regular
Adobe Garamond Semibold
Univers 55 Roman